鄭向恆著

中國戲曲的創造與鑑賞

文史哲出版社印行

中國戲曲的創造與鑑賞 / 鄭向恆著. -- 初版.
-- 臺北市 : 文史哲, 民 86
面 : 公分
ISBN 957-549-109-2(平裝)

1. 中國戲曲 - 創作 - 鑑賞

834

中國戲曲的創造與鑑賞

編著者：鄭 向 恆
出版者：文 史 哲 出 版 社
登記證字號：行政院新聞局版臺業字五三三七號
發行人：彭 正 雄
發行所：文 史 哲 出 版 社
印刷者：文 史 哲 出 版 社
臺北市羅斯福路一段七十二巷四號
郵政劃撥帳號：一六一八〇一七五
電話 886-2-23511028・傳眞 886-2-23965656

實價新臺幣一五〇元

中華民國八十六年十二月初版

ISBN 957-549-109-2

中國戲曲的創造與鑑賞

目錄

第三章　戲曲的鑑賞與批評

附　錄

中國戲曲的創造與鑑賞

第一章 緒 論

第一節 戲曲的源流

一、春秋戰國時代的樂舞：我國古代人民，每當祭祀時，必由巫覡表演媚神娛鬼的歌舞，這種由巫覡表演出來的祀神歌舞，慢慢變成娛人的戲曲了。

王國維說：「古代之巫，實以歌舞爲職，以樂神人者也。」當時的樂舞，娛神鬼也娛人，這可由詩經周頌及陳風宛丘、東門之枌得到證明。

春秋左傳襄公廿八年：「慶氏以其甲環公宮、陳氏，鮑氏之圉人爲優，慶氏之馬善驚，士皆釋甲束馬而飲酒，且觀優至於魚里。」正義說：「優者，戲名也。」由此可知，春秋時，已有「戲」了。

楚辭稱巫爲「靈」稱神亦爲「靈」，則裝扮成靈保的，卽爲巫。羣巫之中，必有象神之衣服形貌動作者，這一做法就是後世戲劇的萌芽。

後來巫覡降爲「弄臣」，一部分成爲籥人司樂，一部分成爲歌人或舞人，稱爲俳優。周初的倡優，只是聲樂，舞蹈，或器樂專門人才，未必兼擅滑稽。但到戰國時期，却要有調笑天才，才可勝任，如優孟之扮演孫叔敖，即爲今日戲劇演員的濫觴。

史記滑稽列傳載：

「優孟者，故楚之樂人也。長八尺。多辯，常以談笑諷諫……楚相孫叔敖，知其賢人也，善待之。病且死。屬其子曰：『我死，汝必貧困。若往見優孟，言：我孫叔敖之子也。』居數年，其子窮困負薪，逢優孟，與言曰：『我，孫叔敖之子也。父且死時屬我，貧困往見優孟！』優孟曰：『若無遠有所之！』即爲孫叔敖衣冠，抵掌談語。歲餘，像孫叔敖，楚王左右，不能別也。莊王置酒，優孟前爲壽。莊王大驚，以爲孫叔敖復生也。……」

二、漢魏六朝樂曲與俳優：漢初天下太平，歌舞漸盛，俳優從象人之設，孟康注：「象人若今戲魚蝦獅子者也。」這時的倡優，其表演的內容除歌舞，裝神，幻術，滑稽外，還兼競技，所謂的「百戲」「角觝」均運應而生。這可從張衡的西京賦和李尤的平樂觀賦中得以證實。

漢武帝時，打通西域後，外來表演競技隨之流入中國。

如西京雜記：「有東海人黃公，少時爲術，能制御蛇虎，佩赤金刀，以絳繒束髮，立興雲霧，坐成山河。及衰氣力羸憊，飲酒過度，不能復行其術。秦末有白虎見於東海，黃公乃以赤刀往厭之。術既不行，乃爲虎所殺，俗用以爲戲。」從這段人與虎搏鬥的故事，可知此時已經①以歌舞爲形式演故事。②用代言體。③對劇中人物已有模仿創造。④有化裝。⑤有情節結構。⑥對正邪之衝突利用武技表達。⑦有主題。⑧有笑料。

北齊，是新歌劇的轉捩期，當時盛行的舞劇有北齊的蘭陵王入陣曲，北周的踏搖娘，西域的撥頭等。

㈠代面——舊唐書音樂志云：「作面出於北齊，北齊蘭陵王長恭，才武而面美，常著假面而對敵。嘗擊周師金墉城下，勇冠三軍，齊人壯之，爲此舞以效其指揮擊刺之容，謂之蘭陵王入陣曲。」又教坊記：「大面：北齊蘭陵王長恭，性膽勇而貌婦人，自嫌不足以威敵，乃刻木爲假面，臨陣著之。因爲此戲，亦入歌曲。」則「代面」亦稱「大面」，其首爲此戲者，當在北齊時代。其用爲歌舞，無異於周代之象舞，因爲誇示武功，所不同者，乃爲變象徵形式而表演故事。其具有戲劇意義，亦卽在此。但面具一物，最容易使我們想到古代的「儺」，周禮夏官司馬：「方相氏掌蒙熊皮，黃金四目，玄衣朱裳，執戈揚盾，帥百隸而時難，以索毆疫。」其黃金四目，卽爲面具，大面雖不必源出於此，而漢之「象人」，及隋之「人戴獸面」，皆其先例。歌舞中的蘭陵王，雖然有故事作根據，形式固非特創。惟「大面」旣可威敵，其眉目自必極盡誇張，藉示凶狠，當卽後世「臉譜」的濫觴。

㈡踏搖娘——樂府雜錄鼓架部：「蘇中郎，後周士人蘇葩，嗜酒落魄，自號中郎。每有歌場，輒入獨舞。……」以其且步且歌，故謂之踏搖。

㈢撥頭——舊唐書：「……出西域，胡人爲猛獸所噬，其子求獸殺之，爲此舞以象之也。」

三、隋唐的百戲與大曲：由於隋唐歷代君主的愛好，戲曲專向歌舞音樂的高度藝術化方面發展，使中國戲曲由樸質走向雅麗。

此外，還有參軍戲（嘲弄士大夫的諧謔戲。）的出現，化裝演出。一莊一諧，用語言，動作來逗趣。奠定了戲劇的基礎。

樂府雜錄俳優云：

「開元中，黃旛綽，張野狐弄參軍——始自後漢館陶令石躭，躭有贓犯，和帝惜其才，免罪。每宴樂，即令衣白夾衫，命優伶戲弄辱之，經年乃放，後爲參軍，誤也。開元中有李仙鶴善此戲，明皇特授同正參軍，以食其祿。是以陸鴻漸撰詞云韶州參軍，蓋由此也。武宗朝，有曹叔度，劉泉水，鹹淡最妙；咸通以來，即有范傳康，上官唐卿，呂敬遷等三人，弄假婦人；大中以來，有孫乾，劉璃缾。近有郭外春，孫有熊。僖宗幸蜀時，戲中有劉眞者，尤能。後乃隨駕入京，籍於教坊。弄婆羅，大中初，有康廼，李百魁，石寶山。」

此據所說的三種名目，最可注意的是「弄參軍」。出於後趙，成爲戲中脚色的稱謂，作爲嘲弄對象表演到舞臺上來，參軍漸成主角，蒼鶻是配角。「弄參軍」是用一個有罪的職官，讓俳優去自由嘲弄，因而演爲一種戲劇，則連俳優本身也成爲劇中人了。以俳優飾俳優，照現代的戲劇理論說，這是按脚色的個性去編劇。其才智的發揮，是比呆板地表演一個故事更能適合其身分。

滑稽戲由「弄參軍」蛻化而來，相當於後世的相聲，但有「諷諫」的意味。

此外唐朝的「變文」在戲曲的發展過程中，也是佔着重要份量。

唐代佛教盛行，僧人爲傳教義，取佛經裡富有敎訓意味的故事，對大衆作俗講，其體裁有說有唱，與印度劇相似，這就是變文。後來戲曲中說唱兼備的形式，可以說受到變文的影響。尤其成爲歷史故事的變文，更完成了歌唱上形式、句法組織和近代皮黃戲相接近。

四、宋代傀儡戲、雜劇與南戲：北宋以來，由於戲曲逐漸發達，而有寫定的戲曲本子流傳着。內容漸趨複雜，歌舞與音樂難以劃分，是戲曲眞正產生的時期。

1.南戲，所謂的「戲文」也就是演戲的本文。北宋末年，南方民間興起一種用方言及地方歌曲所構成的代言雅俗共賞的戲劇，是我國有劇本之始。南戲可以獨唱，合唱，長短自由，無一定宮調，可換韻。

徐渭南詞叙錄：「南戲始於宋光宗朝，永嘉人所作趙貞女，王魁二作實首之，……其曲則宋人詞而益以里巷歌謠，不叶宮調，故士大夫罕有留意者。」南戲因爲「不叶宮調」，所以在格律上可以自由發揮，不受約束，又因爲它是產生於里巷，經過羣衆的創作修改，而出現了最早的劇本。

2.大曲與詞諸宮調與唱賺，前者屬歌舞，戲包括轉踏、鼓子詞；後者屬講唱戲，有故事情節的歌唱，就一個題目唱一段故事，並附以說白，文字的運用與音樂的組織，受大曲影響。

3.**傀儡戲及影戲**：宋代民間娛樂，因受變文影響，產生以說話或講唱爲業的藝人，由於敍事曲折，引人入勝，又產生了傀儡戲及影戲的演出。

宋代的傀儡，在百戲中的地位，似不下於俳優們所演的雜劇，種類繁多，內容複雜，有固定的話本，以敍事爲主，烟粉靈怪，鐵騎公案的故事都有。其中有時用作者的口氣，有時也用代言體：這是由敍事的小說話本到代言體的戲劇的過渡形式。中國戲劇之被故事操縱，亦由此而起。

影戲又稱皮影，起於北宋初年，由說書衍生而來，其人物初以紙爲之，後用羊皮，並飾以彩色，開後世以彩塗面部之風。影戲的內容以演史爲主，宋高承事物紀原云：「仁宗時，市人有能談三國事者，或採其說加緣飾，作影人，始爲魏蜀吳三分戰事之像，至今傳焉。」

五、元雜劇：又稱北劇，北曲。因爲它用的聲律，屬於北曲，流行的地域，是元人首先入侵的中國北方，而作者又都是北方人，所以有北曲之稱。

元雜劇以四折爲主，另加楔子，在第一折之前屬引場性質，在折與折之間屬過場性質。每折包括若干場次。叫做一個套數，在故事情節上，自成一個段落，相當於現代劇的一幕，限主角一人獨唱到底，由正末獨唱叫末本，正旦獨唱叫旦本。每折的宮調大體一定，如首折用仙呂，二折多數用南呂或正宮，三折，四折大都用中呂，雙調。劇本開頭有總題，結尾有題目正名，正字以外可加襯字。淨與丑的臉譜，用色與勾勒線條已有考究，可以說已具有戲劇規模，只是結構與排場還不够生動。

元雜劇有名的有竇娥寃，漢宮秋，梧桐雨，倩女幽魂等。

六、明代傳奇：可以說是繼承南戲的傳統，起代雜劇而興。打破了折數的限制，以齣爲單位，短至十餘齣，長可以至二百多齣。一般爲三十到五十齣。開場或過場用家門。由兩闋詞組成，作用如同本事。在敍說大意。每一套數由引子，過曲，尾聲組成，結構較自由。一齣中在轉換排場時，可以換宮調，使聲情，曲情合一。角色以生旦爲主，可對唱，不受限制。在文辭方面，更形優雅纖巧。

在明初流行的傳奇，有荆釵記，劉知遠，拜月亭，殺狗記，和琵琶記五種。後來崑山腔的崛起，使傳奇戲劇更加興盛，藝術價值愈來愈高，但也使戲曲走入象牙之塔，遠離俗衆，而到了曲高和寡的地步。於是原不被重視的地方戲劇，紛紛搬上舞臺。其中聲勢最大的就是平劇之母——皮黃。

七、清代的皮黃：皮黃腔起自民間，是由清乾隆間的花部亂彈發展而成。主要聲腔是由西皮和二黃兩種曲調結合而成。同時又集徽調，楚調以至山歌、十調，各省地方調而成的一種合乎大衆口味的聲腔。二黃起於湖北，安徽一帶，西皮源出於西秦。流傳情況，在湖北爲漢劇，在安徽爲徽調，到北京形成京劇，後來北京改爲北平，又改爲平劇。由於它不斷吸收崑曲，秦腔等的精華，逐漸豐富了內容，提高了藝術形成，它的唱詞爲三四或四三的七字句或三三四的十字句，偶爾也加上一兩個襯字，同時它無所謂的定調或套數，曲牌，只注重腔調。就音樂上來說，曲調豐富而明快。富有節奏感，又善於表達感情。就劇本來說，結構簡練，語言大衆化，題材突破了崑曲才子佳人的範圍，而反映了民間的思想感情和生活。平劇的興起，壓倒了崑曲、弋陽腔、梆子腔等。

第二節　戲曲的種類

由於受到元明雜劇及傳奇的影響，加之中國幅員廣濶，各地語言，風俗的不同，而產生了各式各樣的戲曲，這些戲曲在長時期的互相交流、吸收、影響下，大致可分地方戲曲和國劇（平劇）兩大類。

一、地方戲：據統計，我國戲曲有四百多種戲曲劇種，玆擧出代表性的如下。

㈠崑曲——是一種古老的劇種，自唐百戲、宋雜劇、宋元南戲、元雜劇各相遞增，至明南北曲改以南曲爲主的崑山腔演唱後，稱爲崑曲。清初流行於江南一帶，音律清秀婉折，排場優美鮮明。因而受到朝野人士的歡迎。直到梆子腔和皮黃戲入京後，崑曲才逐漸衰微。後來皮簧戲吸收了崑腔的優點，把古雅的唱曲改爲俗的歌調，同時在表演藝術方面大力革新，很快就取代了崑曲的地位。北方的京戲受崑曲影響最大，江浙的地方戲也多少受崑曲的影響。

崑曲的劇本相當豐富。

㈡秦腔——起源於陝西。陝西爲古時秦國之地，故稱秦腔。唱時以大梆子定節拍，又名梆子腔。清代同治年間，山西梆子，在北京與河北梆子同時演出，甚受歡迎。

秦腔腔調樸實豪放，剛強雄壯，其劇本大都屬於歷史故事。演出之排場、角色和京戲相似。演出地域包括甘肅、青海、四川、新疆等地。

㈢評劇——又名「落子」或「蹦蹦戲」，流行於河北省東部灤縣一帶，是以當地的「對口蓮花落」唱腔爲基礎。繼而吸收了東北傳入的蹦蹦調。後來又受到河北梆子影響，一度稱爲「平腔梆子戲。」簡稱「平戲」。演出地域包括山東、湖北、陝西、四川、江西、江蘇、安徽等各地。

評劇的音樂自然流暢，通俗易懂。後來受到梆子和皮黃影響，發展成一種地方大戲。劇本多爲民間故事，如打狗勸夫、杜十娘、秦香蓮等。

㈣晉劇——流行於山西，又稱山西梆子。當陝西的秦腔流傳到山西的時候，吸收了晉中的民間歌舞和地方小調，逐漸形成了具有自己獨特風格的劇種。它的唱腔和秦腔相似，粗獷豪邁，慷慨激昂，劇本也很豐富。演出地域包括陝西、河北各省。

㈤豫劇——流行於河南，又稱河南梆子，是一個極具地方色彩的獨立劇種，約有三百年歷史。分豫東調和豫西調，豫東調唱腔較高亢，且多花腔，擅於表現喜悅、歡樂的感情。豫西調唱腔較低沉纏綿，哀怨婉轉，擅於表現悲傷感情。如「秦香蓮」劇本。演出地域包括山東、山西、陝西、甘肅、安徽、湖北各省。

㈥贛劇——流行江西省，以弋陽唱腔爲主。這種唱腔，在元明之際就開始出現在大江以南，後來又與各地戲曲結合，逐漸演變發展成許多新腔。贛劇就是弋陽腔的嫡派。它的唱腔質地古樸，以元雜劇故事爲多，如「還魂記」，「西廂記」等。

㈦川劇——流行於四川，包括崑腔、高腔、胡琴腔、彈戲、燈戲等五種唱腔。後來江西省弋陽腔傳入，成了川劇中的主要聲腔。它有兩千多種劇目，常搬上舞臺的有「繡襦記」，「荆釵記」，「玉簪記」，「荷珠記」等。

㈧漢劇——流行於湖北，包括了越調、高腔、崑腔等唱腔。有名的劇目如「春秋配」，「宇宙鋒」「竇娥冤」等。演出地域包括四川、廣東、福建各省。

㈨湘劇——又名長沙湘戲，流行於湖南江西一帶。它包括了高腔、亂彈、崑腔和皮黃等唱腔。衡山以北的湘戲，以高腔爲主。衡山爲中心的湘戲，以皮黃和崑腔爲主要唱腔。傳流下來的劇種以「拜月記」、「琵琶記」爲主。

㈩徽劇——流行於安徽，也是京劇的前身。它包括了弋陽腔、餘姚腔、崑山腔、皮黃、漢調等唱腔。因爲它吸收了各地的優點腔調，在中國南北戲曲的發展史上，是個重要的橋樑。浙西一帶亦流行。

(十一)黃梅戲——流行於安徽、湖北、江西一帶。包括了高腔、徽調，又稱黃梅調唱腔。但是生、旦、淨、丑的唱法，沒有太大的區別，傳統的劇目中，以小戲佔多數。

(十二)越劇——流行於浙江一帶，後來吸收了紹興亂彈的唱法和京戲的表演形式、易名爲「紹興文戲」。由於使用當地方言，外省人不易聽懂，而影響了它的流傳性。

㈢閩劇——又稱「福州戲」，流行於福建一帶，劇本有七百多種，大部份是古老劇種的遺產。如「販馬記」、「四進士」、「法門寺」等。

㈣粵劇——流行於廣東一帶，最初是外省流入的梆子和皮黃與本地小曲混合而成的一種戲曲。自清末以後，逐漸改用粵語演唱，大量吸收了廣東民間流行的曲調及廣東音樂中的一些樂曲等。腔調曲牌愈來愈多，伴奏音樂也愈來愈豐富。

二、傳統國劇：（參見前章中國戲曲源流）

第三節　戲曲的概說

談到中國戲劇，不能不注意我們的文化形態：我們本來是多元化的民族，幅員既廣，歷史又久，在長期文化融合中，互相取長補短，互相趨於中心典型化，總是很明顯的，山川河流的界限，形成東西交融，南北相異；或者盆谷、河岸，形成點和線：而它們主要的成長，還是經濟的互依，文化的互注。因此有些劇種的發展，符合自古以來的行政區劃；有些文化形態，分割了部份行政區而和自然環境同其變化，如山南、河北，各具特色，所以打破了行政區而形成文化區。我國戲曲的發展，在這種雙軌形態下，就有了多面的發展。因此有學者作過不完整的調查，全國三十五省，至少有三四百種地方劇種。只要是有戲，同一個地方，就不止一種戲。譬如四川就有崑、高、胡、彈、燈五大系統的戲：同樣是崑曲，不但分南崑北崑，四川有，湖南也有；光是梆子一個系統，就可分出陝西的秦腔、山西的晉劇、河南的豫劇，還有河南梆子、山東梆子、東路梆子，萊蕪梆子、同州梆子、四川亂彈、雲南彈戲，山西蒲劇又叫南路梆子；同州梆子又叫北路梆子，還有代州梆子、口梆子……等。一個劇種，流傳到各地，滋地生根，加工改良，適合當地口味，就形成了當地的地方戲。但不管故事、音樂、人物、情節，都不是一成不變的。他們各自配合地方需要，各自發揮地方特色；有些劇目是屬於地方性的故事，有的劇目則有職業性的禁忌。譬如說：「孟姜女的故事」，全國流行，有的地方演出，強調秦始皇暴政，讓孟姜女哭倒長城。有的地方則好像扭曲了原形，孟姜女去尋夫，中途遇盜匪，刼上山寨，意想不到的想搶她去作壓寨夫人的山大王，竟然是萬喜良的把哥！認了親還送盤川及護衛人員，保護她去長城：到了長城遇見秦皇，深覺此女的堅貞，親賜玉帶，奉旨完婚，夫婦雙雙衣錦榮歸。這個差異多大！有些地方還爲孟姜女造廟奉祀。

像最有名的梁山伯、祝英台，不但有動人的情節，兩個人在杭城讀書談戀愛，多美！但却出現一個類似西厢記中鄭恒這樣角色——馬文才，於是增加了故事的衝突性，也製造了「悲劇」，人們爲了紀念這樣一個愛情故事，竟然也在地方爲這位情種造廟，神仙化了的梁山伯，不再是可憐的文弱書生，竟是孔武有力，保衞一方的海之神！民間的想像力是多麼豐富而適應環境的可愛！

更有趣的是，不但人神可以戀愛，人鬼可以成婚，最妙的是人和小動物談愛、成婚，中有動人的波折。小動物一樣懷胎，產下狀元兒子，又被佛法拆散了美滿姻緣，把牠仍形容成「孽緣」。這種複雜性的人獸之間，晶瑩的生命之讚美，用道德稱牠為「義妖」，用直接的角色名字，稱牠為「白蛇」。因為「白蛇」兩字和「白蝕」諧音，因此商會團體要請戲班唱戲，就不點「白蛇」傳了！多有趣！

在這樣一種豐富的生活中，複雜的情緒下，中國的地方戲曲發展是多彩多姿的，這是故事的一面。像人物的變化，也不是一成不變，一般戲中角色，除了主角之外，次要人物，也會被變形。通常白蛇傳中的青蛇，也是名女性，但在川劇高腔裏，青蛇是男性，很垂涎白蛇的美色；白蛇却利用一個英雄式比武場面，收了此妖，終身為奴，變為女性。這種合理的神怪變化，人們也能接受。

當然，地方戲給人們最明顯的感覺便是音樂和唱腔。潮州戲用的「大鑼」，不同於北方的大鑼；川劇裏還有一種音調很特別的「馬鑼」，既不像南管清樂中的「響盞」，也不同於國樂中的高音雲鑼，那種特別的聲音，四川同胞一聽到就會明白那是在唱某一出「戲」！信號是相當強烈的！不但使用的樂器有特色，像梆子系統中的「蓋板子」，便和他的表弟平劇胡琴，不同音色；雖然都用笛子伴奏，崑曲的咿咿呀呀，便不同於南管的「簫」，而笛聲容或相同，但崑曲的纏綿，也不同於吹腔的「販馬記」，因為販馬記很像整齊的「七字句」，却改變了「上四下三」變成了「上三下四」，所以音樂也就迥然不同了！

大多數地方戲都是用本嗓子唱戲，但也有劇種，由於音樂來源不同，而有改用二本嗓的，像北管、下南調、平劇等，都有部份角色改變嗓音。這些可以說都是中國地方戲曲在音樂上所做的一些豐富的變化！所以，瞭解中華地方戲曲音樂，便覺得我們是個有豐富戲曲藝術的民族，是充滿了音樂歌舞的國度。

第二章　戲曲的創作論

第一節　戲曲中的脚色

我國戲曲中的「脚色」，歷史甚久，最早出現的，恐怕算是參軍及蒼鶻。唐李義山詩：「忽復參學軍，按聲喚蒼鶻。」到北宋時代，所謂參軍，就是「淨」，已正式成爲脚色名稱。而蒼鶻就是後來所稱的「副末」。

宋，元南戲中脚色名目，有生、旦、淨、末、丑、外貼。元雜劇中脚色名目，則有正末、冲末、副末、二末、小末；旦、正旦、大旦、貼旦、色旦、搽旦、外旦、老旦、旦兒；外，淨，丑、孤、倈兒、孛老、卜兒、邦老、細酸、爺老、曳刺之類，較之南戲似稍嫌繁複。實則除末、旦、淨諸正色外，其他都可稱爲正色之副，或就當時俗稱列爲脚色：如孤爲官，倈兒爲兒童，孛老爺老爲老翁，卜兒爲老嫗，邦老爲盜賊，細酸爲秀才，曳刺爲走卒，皆不可以義訓。

古今戲曲中之脚色名目雖多，然歸納起來均由「生」，「旦」，「淨」三類脚色所產生出來的，可參見下表：

宋元南戲	元雜劇	明清傳奇	皮黃
生。	正宋，沖末，副末，二末，	生，老生，副末，老外。	老生，小生，武生，紅生。

生	末。外。	小末，外。		
旦	旦。後(一作后)。	旦，正旦，大旦，小旦，貼旦，色旦，搽旦，外旦，老旦，旦兒。	老旦，正旦，小旦，貼旦。	正旦，花旦，老旦，武旦，丑旦。
淨	淨。丑。	淨。丑。	大面，二面（卽付或副）。三面（卽丑）。	淨，副淨。丑。
其他		孤，俫兒，孛老，卜兒，邦老，爺老，曳剌，細酸。	雜。	零碎。

現今的國劇脚色，有所謂七行七科之分，凡粉墨登場的人都稱之為行，本文所談的「脚色」就是所謂的行。也就是在國劇演出時，所代表的各種不同人物，玆分述如下：

一、生：乃男性代表，按年齡，體質之不同，又分老生、小生、武生、紅生：

老生：又稱「鬚生」、在劇中屬於年歲較長的人物，唱腔使用本嗓力求口齒清晰、蒼勁、洪亮。計有唱工老生、做工老生、文武老生之分，如「上天臺」之漢光武，「焚棉山」之介子推，失街亭之諸葛亮，「定軍山」之黃忠。面部化粧，盡量保持原來面目，不抹油塗彩。

小生：大都扮演英俊少年，唱唸時以眞假嗓相互並用，因體質不同又有扇子生、雉尾生、窮生之別。如「拾玉鐲」之傅朋，「羣英會」之周瑜，「狀元譜」之陳大官。

武生：以武打爲主之脚色，扮相英武雄壯，表演時身手矯健，根據馬上、步下的不同分「長靠」，「短打」兩類。如「長板坡」之趙云，「景陽崗」之武松。發聲剛勁有力，腔的曲折不宜過多，於激昂慷慨處，多用高亢、挺拔之音。

紅生：介於生，淨之間的脚色，又稱爲「紅淨」，演員多爲身材高大者，如「華容道」之關羽。主要表現某些突出的人物。

二、旦：在國劇中的女性代表，按性格、年齡又有青衣、花旦、武旦、老旦、彩旦、花彩等。在表演中，佔有極重要地位。旦角和小生的唱腔都是小嗓（用假聲唱）。

青衣：又名正旦，扮演端莊賢淑之正派婦女，因只着一件青衫而得名，注重唱工唸韻白，如「玉堂春」之蘇三，「宇宙鋒」之趙艷容。

花旦：多扮演未婚之活潑少女，以做工及唸京白爲主，尤其注重眼神。花旦又分「閨門旦」、「玩笑旦」、「潑辣旦」，如「拾玉鐲」之孫玉姣，「打麵缸」之周臘梅，「武十四」之潘金蓮。

花彩：介於青衣、花旦之間的角色，唱唸近於青衣，做表近於花旦。如「四郎探母」之鐵鏡公主，「遊龍戲鳳」之李鳳姐。

彩旦：非重要脚色，卽女性丑脚，多表演逗樂生趣，揷科打諢之戲，製造輕鬆氣氛。穿着鮮艷，如「鳳還巢」之程雪雁，「鐵弓緣」之茶婆。

武旦：刀馬旦：均爲表演武打的女性，如武生中之「長靠」、「短打」，前者大多踩蹻，打出手，後者不踩蹻，也不打出手，但身上必定「紮靠」，如「盜仙草」之白素貞，「穆柯寨」之穆桂英。

老旦：扮演老年婦女者，唱唸近於老生，腔調比老生高亢婉轉，如「精忠報國」之岳母，「釣金龜」之康氏。

三、淨：俗稱花臉，唱時和老生、老旦、丑一樣用眞聲（卽大嗓）。面部勾劃各色臉譜，專門扮演性格特殊的脚色。由表演的動作與唱腔來區分，又有銅錘、架子、摔打花臉之別：

銅錘花臉：因「二進宮」之徐延昭手抱「銅錘」忠心爲國而得名，多以扮演老邁重臣之脚色。着重唱工，講究氣派。有黃鐘大呂之宏亮悠揚，唸白淸晰有力，身段穩重大方。

架子花臉：扮演奸雄、豪傑、好漢之類的人物，有文，有武，重在功架做表。身段美觀，唸白有力，如「漢陽院」之張飛，「取洛陽」之馬武，「失街亭」之馬謖。

摔打花臉：又稱「武二花」，以扮演性格特殊人物爲主，又稱「武淨」，大都具有跌蹼摔打的武藝基礎。如「三叉口」之焦贊。「定軍山」之夏侯淵。

其他尚有大花臉、二花臉，如「虞姬恨」之項羽，「惡老村」之王棟。

四、丑：臉部鼻樑間勾有白色方形，狀如豆腐的臉譜。大都扮演太監、門客、地保、漁樵、茶房、轎夫、馬夫、師爺、太守等之脚色，有文、有武，有的奸詐狡滑，有的忠厚善良。在唱的表現上，比較誇張。以演出時之劇目與劇中人身份區分，又有「方巾丑」與「武丑」之別。

方巾丑：又稱文丑，載方巾，唸韵白，舉止略帶輕佻怪誕，如「羣英會」之蔣幹，「烏龍院」之張文遠。用嗓多偏高、尖。

武丑：又名開口跳，有武藝基礎者，表演時又蹦又跳，身手靈活矯捷。唸白時爽快俐落，有文武丑之別，如「昭君出塞」之馬夫，「三岔口」之劉利華。

其他尚有小丑、丑婆子之分，如「四郎探母」之二國舅，「拾玉鐲」之劉媒婆。

平劇中扮演的各種脚色，由於人物身分、性格的不同，劇本內容要求的不同，還有許多種變化，是各具特色的，這裏由於本書篇幅所限，不能盡述。

第二節　戲曲中的音樂

這裏所指的音樂，是指平劇中的「文、武」場，也就是所謂的「場面」。

以絲竹管弦等彈、拉樂器爲主的叫「文場」。以金革木等打擊樂器爲主的叫「武場」。

換言之，文場的樂器包括：京胡（胡琴）、京二胡、月琴、弦子（卽小三弦）、笛、笙、嗩吶，以及云鑼等。

武場的樂器包括鼓板（包括單皮鼓、檀板，由一人掌握）、大鑼、小鑼、鐃、鈸等。平劇中的文、武場，就是舞臺表演中的靈魂，有着舉足輕重的地位。

文場的樂器在演奏時，由於所謂腔調與曲牌的不同，而有不同的運用，大致分三組：

第一組以京胡爲主的弦樂器，其中包括京胡、京二胡、月琴、弦子四件樂器。這一組樂器主要是伴奏二黃、西皮、四平調、南梆子、南撥子等腔調用的。如「貴妃醉酒」、「拾玉鐲」、「三進士」、「三堂會審」，以及「霸王別姬」中的「夜深沉」諸戲。演員的身段、唱腔，似乎和胡琴融爲一體。胡琴的作用，除了隨劇中脚色，換腔托調外，還可以幫助表現出許多抽象的動作。如思慮、打掃、行路、祭奠等。一齣戲的演出成功與否，和琴師的高超技藝有着密切的關係。

第二組是以笛爲主的管樂器，包括笛和笙。這一組樂器主要伴奏戲曲中的崑曲，如「牡丹亭」、「夜奔」、「小放牛」等曲牌。

第三組是以嗩吶爲主的樂器：嗩吶在國劇中使用的量很大，大都用於伴唱調門高亢的脚色，如「青石山」之關羽，「攻潼關」之姜子牙，「龍虎門」之趙匡胤等。此外也可表現出馬嘶、鷄叫、點將、行軍、打獵、宴會、迎送等效果。

以上所舉樂器，各具風格，其中以「京胡」最爲代表性，因爲國劇是以二黃、西皮腔調爲主的。二黃起源於徽調，西皮起源於楚調，前者是用5、2定弦，後者用6、3定弦。它們分別像國樂南胡所用的G和F調的定弦。二黃的性質平和、穩重、深沉、抒情，起音落腔都在板上。西皮曲調跳躍、活潑、鮮明、剛勁。另外有所謂的反二黃就是把原來的5、2改成5、1定弦，反西皮就是把原來的3、6改成6、2定弦。這些都是從地方劇吸取來的。

基本上講，二黃和西皮的原板，都是用四分之二拍子。至於四分之四拍的慢板，四分之一拍的快板，甚至自由節奏的散板，搖板，都是從原板衍生而來；有的拉長加上裝飾變化音，有的緊縮約簡。加之唱詞有二二三一的七字句和三三二二的十字句，小分句間有過門，大句間有大過門，而造成許多不同的變化。因此，同是二黃、西皮，因着喜怒哀樂的不同而有不同的唱段。這便是平劇唱腔音樂的可塑性。

至於武場的作用，主要在給舞蹈、動作以鮮明的節奏。如人物上下場、亮相、抖袖、甩髮、起覇、走邊、趟馬、開打、云手、打伕等。此外在唸白的開頭與結尾，句與句之間，都有着加強語氣的作用。同時，還可以發出劇中的水聲、升堂、退堂、叩門等效果，主要在烘托戲劇中的氣氛。

在戲曲中的一切鑼鼓點子，幾乎都是由鼓板的音響帶頭開導出來的。打擊樂器在戲中運用時，爲了適應戲中的不同需要而有三種不同的方式：

一是以大鑼爲主，鐃鈸，小鑼爲輔，多半用於大場面的戲。因其音響宏亮，在武劇中使用，更是有着聲勢壯大，慷慨激昂之勢。打幾下鑼邊，還可以產生風聲、雨聲的效果。

二是以鐃鈸爲主，小鑼爲輔的，因其音響悶啞，多半適用於低沉氣氛，或帶有悲劇情調的戲裏，戲中武將的「起覇」，就是用鈸配音。

三是大鑼、鐃鈸都不用，只用小鑼單打爲主的，如「三娘教子」，就是以小鑼爲主，因其音響清淡。大多用在較爲平靜、安詳的表演中。有時，單打一下小鑼，還可以產生扣打門環的聲音，或是射箭的聲音。

大鑼、小鑼有時也交錯使用，其音節清脆，鏗鏘有力，很是悅耳。

武場中除了以上四件重要樂器外，在特殊的情況，或依劇情的需要下，還可以加用大堂鼓、小堂鼓、梆子、木魚、大銅鑼等樂器。

至於平劇中的音韵，是門專門的學問，特別一提的是：平劇中沿用的「中州韻」，可能是繼承了「中原音韵」和「曲韻」，前者的編者係元代周德清，根據北方的語言，把字分爲陰平、陽平、上、去四聲，把入聲字分派到平、上、去三聲之中，又把字音歸爲十九韻類，形成韻譜，並對字音的辨別、用法和音樂上的關係也做了相當詳細的分析。而曲韻，則是明、清以來，爲崑曲等所遵循的許多韵書，通稱爲曲韻，如中州全韵、中州音韻輯要、韻學驪珠等，這些韻書是在「中原音韻」的基礎上，又補充了南韻而形成的。

要瞭解平劇的音韻，這些韻書，不得不先研究。當然地方音的滲入平劇，如湖北音、徽音、京音，都是平劇的特色。由於本書篇幅所限，不宜詳述。

第三節　戲曲中的藝術

中國古典戲曲的發展，可以說有二千多年的歷史。二千餘年，等於西方新興國家整個的歷史過程；難怪，每當我到國軍文藝活動中心觀賞平劇或地方戲時，總是看到許多老外手執相機咔嚓咔嚓地對着舞臺上所扮演的生、旦、淨、末、丑，以及一些唱、做、唸、打等功夫猛照不已。每看到這些情景，我就暗自感嘆不已。

人家如此這般地肯定我們戲曲的優美性，我們豈能予以忽視呢？尤其遺憾的是戲院子裏的觀衆仍是中年以上年紀的人，偶爾點綴一些年輕小伙子。

我想，最主要原因，可能是由於抽象的表現手法和一些冗長的唱腔，沒辦法令年輕人容易接受。

殊不知這正是中國戲曲的特色啊！

尤其是平劇，它的表演藝術，可以說駕臨了一切劇種之上。它由於吸收了地方戲曲，如弋陽腔、梆子腔、漢調、徽調等。更經過清代中葉以來，千錘百煉的創造發展，而構成了一套獨特的藝術的風格：

一、唱腔：是戲曲中的靈魂，生、旦、淨、丑等不同的角色，而有不同的唱腔。

平劇的唱腔，主要分爲二黃與西皮兩大類，在二黃中又有反二黃，四平，反四平。在西皮中又有反西皮，南梆子諸腔。

這些腔調，主要使那些不同的角色在表現感情時用的；如表現悲痛時，宜用反二黃；表現快樂時則用西皮。表現莊重宜用二黃，表現幽思則宜用南梆子。

唱的時候，不但字正腔圓，而且要分平上去入，戲中人物的喜怒哀樂，也要完全滲雜在唱腔上面，使唱出來的音節，隨着人們的感情在變化。

二、唸白：也是平劇中的特色。唸白，就是說話，但不同於平常說話，是要有韻律，有節奏，有快有慢，有高有低，講求的是「字字鏗鏘，擲地有聲」，它不像唱腔，有音樂，有鑼鼓可循。唸白，完全憑丹田之氣，唇舌之力，把每個字，每句話，都要清晰地打入觀衆耳朵，而且要扣住劇本的情節，人物的感情，方可引起觀衆的共鳴。俗曰：「千斤唸白四兩唱」。就是說明唸白之難，難於唱。

三、在表演藝術上，除了使用唱腔、唸白外，還要靠身段來表現故事的情節，以及人物的個性。所謂身段，是指表演時身體的各種動作和做表而言。

身段是身體動作、臉部表情的統稱，包括了眼法、手法、身法、步法。眼法是指臉上表情，如喜、怒、哀、樂，全靠眼神來表現，所謂眼神又有凶眼、媚眼、怒目、醉眼等。手法就是手式，種類繁多，彈汗、攋手、拍腿、揚鞭、云手、抖袖、揮袖、指法、招式、拳式等。姿勢要美，傳情要逼眞，各有各的表現技巧。

身法就是起、落、進、退等動作。其他如臺步，也是各有各的規距：包括正步、跑步、趨步、輾步、搖步等，視角色的不同而有所不同。

也有人認爲平劇的身段，就是舞蹈；因爲平劇中的表演一如中國畫，是寫意而非寫實，因此無論動作身段，都成了舞蹈的形式。也正是平劇的特色，如「遊園」的撲蝶，「紅娘」之摘花，都以動作來象徵實物。再如「武家坡」，薛平貴唱到：「八月十五月光明」時，就以兩手高舉圓形，以象月形，這就是舞蹈的動作。

象徵性的動作是平劇的特色，如一根馬鞭，代表一匹馬；一塊布畫上城牆，代表銅牆鐵壁，畫上輪子，便成了車子，四個龍套代表十萬大軍。以袖掩目代表哭，以兩手食指相對而立表示戀愛。在臺上走圓場，表示甲地到乙地；而且口中唸着「行行去去，去去行行，轉彎抹角，一時來到」。

再如從下場門進去，又從上場門出來，就表示已走了許多里的路，或是隔了多少年。這些都是抽象的表演方式，如果不加以解釋，老外是看不懂的；一旦弄懂了，却發出由衷的讚佩！

四、臉譜：是平劇的特色之一。其起源可以遠溯到南北朝蘭陵王的代面：隋唐嘉話載「齊文襄長子長恭，封蘭陵王，與周師戰，戴着假面對敵，勇冠三軍。」就是以假面作飾，直至唐宋以後，才用之於表演，再經過不斷的演變，廢去假面乃直接勾繪在臉上，又經濟又方便，又美觀，而成爲一個專門的藝術。

古典藝術中，無論人物、動作，大都是以「象徵」手法表現。從臉譜的勾畫來說，因爲各種顏色、圖案、條紋的不同，而使觀衆分辨出劇中人物的忠貞、憨直、凶狠等善惡、好壞的個性。有時有的顏色非常鮮明，爲的是誇張和強化人物的類型；譬如爲了表現關雲長的忠義和威儀，他的臉化裝得特別鮮紅；爲了表現張飛的魯莽粗獷，他的臉就塗得像鍋底一樣黑；爲了表現曹操的奸作，他的臉就塗得特別白。半臉白，半臉黑，表示判官的角色。碎臉表示暴燥，歪臉表示險惡行爲不正，黃色表示幹練。於是一看什麼顏色的臉譜，就知道是什麼人物了。

五、服飾：中國的戲曲，所演的都是歷史故事，因此劇中的服飾，多爲歷代衣冠服飾。服飾，包括了衣服、盔頭、頭面、靴子、翎子、髯口、甩髮及片子等。但是中國戲曲的歷史故事，大都取材於稗史小說，其服裝一項，惟有借鏡於這類書籍的人物繪圖，外表只求美觀，因此不一定是保存原來的眞實性。

其他如水袖、甩髮、髯口、翎子等都是爲了表演而設計的，再如八卦衣和羽扇綸巾，是爲諸葛亮而設計。

一副行頭，大抵「十蟒十靠」。蟒，就是文官公服，靠，就是武將鎧甲。其顏色，以紅、黃、白、黑、爲正色，紫、粉、藍、絳、湖爲間五色，劇中人物應穿何色，皆有規定。當然，式樣、顏色的不同，亦代表着不同人物的造型。

除了服飾外，其他道具、音樂，都有一定的原則的。

總之，戲曲本來就是一項歌、舞、樂甚至繪畫的綜合藝術。譬如唱唸哭笑，全是音樂；身段武打，全是舞蹈；服裝、臉譜、道具則又是五顏六色的藝術，而構成了一幅多彩多姿的舞臺藝術。這眞是一項完美無缺的整體藝術啊！

認識了古典戲曲的特色後，我們可以肯定它的表演是「超越性」的藝術。也正是目前西方小說、詩歌、戲劇所追求模仿的，殊不知這些早在千餘年之前，我們的老祖先們就已具備了！

在今日舉世都在肯定中華文化的趨勢下，當然對於中國傳統的戲曲，更要大力去維護，去發揚！

第四節　戲曲中的語言

戲曲之所以擁有廣大的聽衆，我想除了它的表演藝術外，主要的是採用了大量俗語的緣故吧！正如任納在散曲概論及曲譜中所說：

「元曲之高，在不尙文言之藻形，而重用白話，於方言、俗語之中，多鑄繪聲繪影之新詞，以形成其文章之妙。」

「夫論曲之大體，有便有在一『俗』字，好便好在一『俗』字，一經之以雅，卽離曲遠甚，而就詞反近。」

由此可見，戲曲之特色也就在於「通俗」！

戲曲是一種通俗文藝，是有地方性的，故要有高度的口語，而這高度的口語化，也就是形成雜劇寫實趣味的基本因素。

尤其是在說白部分，所謂說白就是補唱詞的不足，以今日的話劇而言，就是「臺詞」，就是以前所謂的「賓白」，大都是以俗語方言爲主。譬如：

關漢卿救風塵劇第一折：

正旦：「妹子你那裏人情去？」外旦曰：「我不人情去，我待嫁人哩！」

「人情」，就是做客，應酬的俗語。

關漢卿竇娥寃雜劇第三折：

斬官曰：「這等三伏天道，你便有衝天的怨氣，也召不得一片雪來。」

「天道」就是時候、天氣的俗語。

馬致遠漢宮秋戲劇一折醉中天曲：「若是越勾踐姑蘇臺上見他，那西施牛籌也不納。」

「牛籌也不納。」就是毫無辦法的俗語。

祁駿佳鴛鴦被劇一折混江龍曲：

「躭擱了二十二好前程，不見俺稱心時。」

無名氏連環計劇二折烏夜啼曲：

「美前程，新姻春，一任的春風院宇，夜月庭軒。」

「前程」就是婚姻的俗語。

諸如此類的例子，眞是不勝枚擧。

俗語方言在戲曲中的地位與價值亦可想而知。

戲曲，是通俗的文學，它的對象是廣大的民衆爲基礎，尤其是地方戲，更是帶有濃厚的地方色彩。

劇作家在作曲時，必須靈活運用方言、俗語，以引起觀衆的共鳴。

再說，北曲作家，大都是藉著描寫世態，來勸諭當時的人，所以必須把觀衆聽得懂的方言俗語，放入唱詞道白之中。這也就是何以元明戲曲極盛一時而流傳下來的原因。正如王國維先生在宋元戲曲考中所云：

「其作劇也，非有藏之名山，傳之其人之意也。彼以意興之所至爲之，以自娛娛人。關目之拙惡，所不問也。思想之卑陋，所不諱也。人物之矛盾，所不顧也。但摹寫其胸中之感想，與時代之情狀，而眞摯之理與秀傑之氣，時時流露於其間。」

作曲家作曲的目的既然在娛樂人，讓人喜歡。因此，當然要雜用方言俗語，才容易被一般人所瞭解、接受。所以取材瑣碎，用語粗俗，在所不顧。

尤其是寫到下層社會間的事物，文辭最重「本色」，也就是用眞摯和坦率的語言，才能曲盡它的情態。

如康進之梁山伯李逵負荊雜劇中一折，李逵聽得王林說起女兒被搶時，所唱的一段：

「我這裏猛睜眸，他那裏巧舌頭，是非只爲多開口。但半星兒虛謬，惱翻我，怎干休！一把火將你那草團標（草房），燒成腐灰，盛酒甕摔做碎瓷甌。砍折你那蟠根桑棗樹，活殺你那濶角水黃牛。」

這種爽直的口吻，眞不遜於水滸傳中用散文描寫出來的黑旋風。

元代戲曲中，因爲可加襯字疊字疊韻的運用，也是極尋常的事。如無名氏風雨像生貨郎旦雜劇第三折：

「我只見黑黯黯天涯雲佈，更那堪濕淋淋傾盆驟雨。早是那窄窄狹狹，溝溝塹塹路崎嶇，知奔向何方所？猶喜的瀟瀟灑灑，斷斷續續，出出津津，忽忽嚕嚕陰雲開處。我只見霍霍閃閃電光星炷，怎禁那蕭蕭瑟瑟，風風點點滴滴雨雨，送的來高高下下，凹凹凸凸一搭模糊。早做了撲撲簌簌，濕濕漉漉疎林人物，倒與他粧就了一幅昏昏慘慘瀟湘水墨圖。」

這種「疊」字的運用，可以說是聲繁調促，繪聲繪影，有如急水流泉，有時在形容中還夾著音響，令人有身歷其境之感。

由於時空的變遷，以及語言的新陳代謝，有些字，在現在讀起來似乎不順口，其實都是當時的口語，也就是當時所流行的俗話。

正因如此，才造成了戲曲上的眞實性。

故王國維說：

「元劇最佳之處，在寫情則沁人心脾，寫景則在人耳目，述事則如其口出是也。」

總之，新戲曲的創作，仍然可以循著固有戲曲的特色，再配合時代的要求，以提昇戲曲上的藝術成就。

第五節　戲曲中的情節

戲曲的創作，最重要的基本要素，就是情節。一個劇本，如果只是講了一大堆空洞的道理，而忽略了戲曲中的情節，那就會令觀衆感到索然無味。

因此，作者在編寫戲曲時，對情節的安排，必須先作全盤的周密計劃。每一部分的情節，都要事先作好布局，作好埋伏，作好照應，然後才動筆揮毫。否則，徒然浪費精力與時間。

元代的劇作家，把安排情節叫做「布關串目」，戲曲情節的形成，正是基於劇中人物性格的發展，而劇中人物的塑造，與戲曲中情節，有着密不可分的關係。換言之，所有情節，必須通過劇中人物的活動，才能展現事件的發展過程。

元雜劇劇本結構，一般有四折，篇幅較短，不如傳奇劇本往往長達數十齣，可以容納曲折多變而又複雜的情節。因此，必須以十分經濟而精緻的手法來安排整個戲曲中的情節。換言之，必須在僅有的四折篇幅下，對各折情節內容，要做一番精心設計。在寫作之前，必須先定一條貫穿全劇的主要情節線索展開戲劇衝突、塑造人物形象、表達主題思想；這條主要情節線索，就是劇中主要矛盾發展的線索。也就是通常所說的中心事件。如果整齣戲只是逐節鋪陳，堆砌一個個孤立的具體情節，而沒有中心事件貫串，那就正如李漁曲話中所說：「有如散金碎玉，以作零出則可，謂之全本，則爲斷線之珠，無樑之屋。」

在安排情節上，必須做到緊湊、簡潔、主題鮮明，而達到「一線到底」的效果。

就以關漢卿的竇娥寃劇爲例：

戲中敍述財主蔡婆婆與年輕寡媳竇娥相依爲生，某日蔡婆婆到盧醫生家去討債。盧付不出，引她到郊外，想用繩子勒死她。剛要動手時，恰巧來了兩個惡漢——張家父子倆，救了她的性命。但張家父子便因此威脅她，老張要娶蔡婆婆爲妻，小張要娶竇娥爲妻，同時想賴在蔡婆婆家裏，要等着成親。竇娥是一個堅貞守節的女子，無論如何不答應而且勸說婆婆不再嫁，小張知道她從中作梗，在羊肚湯裏放下毒藥，想把蔡婆婆毒死，歸罪於竇娥，藉此呑沒她家的財產。不料蔡婆婆嘔心不想吃，由張老頭喝下，沒想到這羊湯反毒死了張老頭。結果是竇娥被送到官廳判了毒害人命的死刑。她臨死時，一面哭着向婆婆告別，一面對天發又下三個誓願。

一是我竇娥要是寃枉，死後刀過頭落，一腔熱血半滴不流在地上，而飛上掛在槍桿上的丈二白練上。二是如今正是三伏天氣，我竇娥要是寃枉，死後將降三尺瑞雪，遮掩我的屍首。三是我竇娥屈死，今後，這楚州地方，亢旱三年。

後來她這三願都靈驗了。最後一折由竇娥託夢給多年不見，現在做了大官的父親，替她昭雪。爲了加強戲劇效果，特別穿插了一些神鬼的情節，充滿了浪漫色彩。最後竇天章把這件案子，重新審判，張驢兒處死刑，蔡婆婆由竇天章撫養，竇娥除罪，並建一節孝牌坊，紀念她的貞節。可說是惡有惡報，善有善報。

關漢卿在這個劇本的情節上交代得非常清楚，脈絡分明。按照劇中情節來看，竇娥七歲到蔡婆婆家做童養媳，廿歲蒙寃而死，三年後才昭雪。前後經歷了十六年，可是關漢卿並沒有瑣碎地、鬆懈地描寫這十六年間的竇娥生活，而是緊抓住「竇娥寃」受屈的發展過程，逐步地展開了矛盾衝突的戲。至於竇娥的童年身世，早在楔子中，已一筆帶過，而竇娥到蔡家做童養媳、結婚、丈夫早逝、守寡等生活，只在第一折裏，由蔡婆婆作了簡要的交代。對竇娥與張驢兒之間的衝突，也沒有花太多的筆墨，這都是儘量省略篇幅，來渲染竇娥寃死的情景。尤其在第二折、第三折中，作者集中精力，塑造了竇娥那種理直氣壯、盡孝、守節的堅強個性。在情節的安排上，也是簡練而又突出。

凡是與主題無關的，一概予以省略，避免枝蔓，使得劇情的發展，敏捷而緊湊。比如竇娥寃第四折，竇天章囑咐張千「下山陽縣，拘捕張驢兒、賽驢醫、蔡婆婆一起人犯」，張千云「理會得」。接着丑扮解子押張驢兒、蔡婆婆等同張千上，正是「喚曹操，曹操就到」，中間一點也不拖泥帶水，既經濟又緊湊。

在情節的發展上，也可以巧妙地利用劇中人物來發揮，如竇娥寃裏的賽驢醫，三次出場，每次出場，都有不同的情節產生，如第一次出場，當了個負債人的角色，企圖勒死債主蔡婆婆，造成張家父子撞入蔡家的戲。第二次的出場，是草藥店店主，在張驢兒的威脅下，買到了毒藥，產生了謀財害命的案件，使戲劇達到最高潮。第三次的出場，當了個罪犯，被追緝到案。又使竇娥的寃案得以解決。在這個戲劇中，賽驢醫只是個配角，但是由於他扮演了不同的角色，而使戲劇情節，發生了新的發展。

李漁曲話：「編戲有如縫衣」、「全在針線緊密，一節偶疏，全篇之破綻出矣。」就是說，戲劇結構要緊密，不能有破綻，有斷痕如何緊密針線呢？

李漁曲話又說：「每編一折，必須前顧數折，後顧數折。顧前者，欲其照映。顧後者，便於埋伏。照映、埋伏、不止照映一人，埋伏一事，凡是此劇中有名之人，關涉之事，與此後所說之話，節節俱要想到。」元雜劇作者似乎都有此功力。

所謂照映，就是前後情節，互相照應，形成一環扣一環，前後遙遙呼應，血脈相通，眞正做到了細節不疏，針線緊密工夫。無論大場面，或細節關目，都能密切相聯，渾然一體。

所謂埋伏，就是在劇中不斷埋下「伏線」，隱約在暗示着將要發生的事情，使觀衆對事情的發生，不會感到突然，正如李漁曲話：「即於情事絕不相關之處，亦有連環細筭伏於其心，看到後來，方知其妙。」

總之，戲劇的編寫，不是件容易的事，明代孟稱舜在古今名劇合選序裏說：「創作戲曲劇本，在藝術上有三難，一曰情辭穩稱之難，一曰關目緊湊之難，一曰音律諧叶之難。」清人劉熙載藝概裏說：「始要含蓄有度，中要縱橫善變，終要優游不竭。」都是說明編劇之難以及情節的安排重要。

第六節　戲曲中的教化

中國傳統的戲曲，自元代的成熟時期算起，迄今已有六百年歷史，可以說遺產相當豐富；尤其是那些表彰忠孝節義，倫理道德的歷史故事，在予人以藝術欣賞之餘，無形中，還產生一種潛移默化，移風易俗的教育作用。

就以元代的雜劇而言，它的題材，多半自於歷史故事、傳奇小說等。尤其是歷史故事，作者往往借着歷史上的人物事跡，來暴露當時社會的不平，有着借古諷今的作用。

譬如馬致遠的漢宮秋，白樸的梧桐語，都是借着歷史的敎訓，把元人身受蒙古人的壓迫與凌辱，盡情予以發抒。漢宮秋，表面上是寫王昭君和番的故事，實際是暗喩宋、金淪亡的原因；戲裡「全不見守玉關征西將。」「枉養着那邊庭上鐵衣郎」一類的話，正是對那些貪生怕死，以和親政策，來換取社稷安寧的文武百官們，以及以天子自尊的漢元帝，也束手無策，眼巴巴看着心愛女子送到番人手中；畫家毛延壽那種「做事欺大壓小，全憑諂佞奸食」的小人，最後落得宰首的下場，都予以極大的諷刺與警惕作用。

元代政治社會極爲黑暗，因而也產生了許多平反寃獄的公案劇。公案劇中所表現的，正是現實與幻想交織；貪官汚吏的橫暴、司法制度的昏暗、同時充滿着尋求正義的精神，如感天動地竇娥寃中竇娥那種不爲暴力屈服的堅強個性，就是一個例子。

元代雜劇，除了以舞臺效果，以及曲辭爲主外，重要的是具有社會性的思想內容，王國維宋元戲曲史：

「……淸眞之氣，與率直樸拙之情，時相激發。美好的幻想總是與痛苦的人生偕行。這種奇異的糅合，似乎矛盾的統一，使元雜劇呈放着一股鬱勃樸健的生氣。這股奇氣，貫通了時代、社會。生命與文學而融於戲劇的熔爐，使元劇成爲一代的絕作，被譽爲中國最自然之文學。」

由於時代變動的特殊因索，元雜劇自然蘊現着特別鮮明而濃厚的時代性與社會精神。其中有強調某種高義貞烈之志趣的，以及叱奸罵讒的，可以說是元代社會的心聲反映。

淸末以後，平劇的崛起取代了崑曲地位，流行全國各地，經過百餘年來千錘百鍊的創造與發展，它的表演藝術已超過了一切劇種的特色。由於它歌詞唱腔的悅耳動聽，音樂舞蹈的優美怡人，加之特別設計的戲服與臉譜，的確引人入勝，吸引了廣大的羣衆。

無可否認的，在傳統的社會中，「戲曲」一直肩負了莫大的社教功能，尤其在題材內容的宣傳效果上，可以說駕乎其它的藝術之上。

戲劇大師齊如山說「戲劇這種事業，因爲大家愛看，歡迎，所以對於人民的知識思想都關係極大，各國皆然。無論多開化，多野蠻的民族都是如此。於是各國腦思靈敏的教育家，都要利用他作爲社會教育的一種工具。」

中國戲曲故事，是以人民生活作背景的，以倫理道德作基礎的，結局總是「善有善報，惡有惡報」。鄉下人民就是沒讀書也知道「奸臣不死不散場」的道理。

俞大綱先生也說過：「國劇內容大部份取材於歷史故事及民間傳說，這類戲以表現古人生活精神爲主，充分反映中國民族的集體感情和倫理道德意識。着重於歌頌具有高貴情操，行爲典範的歷史及傳說人物及其事迹；像代表忠義的武將關羽，孝婦趙五娘——這種戲劇型表演性的社教功能，實不下於文字的，說教式的儒家經籍。」

據統計，在平劇兩百多劇目中，其表揚英雄志士，明君賢相的故事，大都出於三國、東周列國、水滸、楊家將、七俠五義、施公案通俗小說。他們表揚的是忠孝節義，反對的是昏君奸臣，因此表面上在娛樂觀衆，實際上，充份發揮了敎化作用。譬如精忠報國、三娘教子、趙五娘、八義圖、浣溪沙、蘇武牧羊、文天祥傳，都是最生動的忠孝節義故事。使觀衆深爲戲中的思想行動而感動，甚至自身也融入戲中，而達到「風敎爲先，劇以載道」的目的。

姚一葦先生也說：「戲劇的目的，在引起觀衆的情緒反應和變化。」

戲曲是人生的寫照、時代的反映。它的最大作用，是在於不用口號，不用說教，而使人心悅誠服。它不僅是娛樂觀衆，而是引導人走向正途。

一部偉大的戲曲，不但對人生，對社會有建設性的效用，而且可以美化並提昇我們生活的境界。

第三章　戲曲的鑑賞與批評

一、琵琶記的藝術成就

琵琶記，是中國古典戲曲中最膾炙人口的一部作品，全劇共四十二齣，係爲元末高明則誠所撰。

故事內容，由第一齣的沁園春中已敍其本事，描寫蔡伯喈與趙五娘新婚不久，伯喈卽奉父命上京赴試，伯喈離家赴京前，拜託鄰居張大公照顧家眷。後來伯喈得中狀元，牛太師見蔡伯喈年少有爲，卽將女兒許配給伯喈，伯喈辭婚不成，被牛太師家招贅爲婿。

趙五娘在家，侍奉公婆無微不至。但是連年旱災，加之公婆生病，五娘侍奉湯藥，備受煎熬。後來，公婆又不幸雙雙去世。五娘不得已剪髮出賣，才將公婆安葬。

伯喈與牛小姐結婚之後，生活雖不錯，却因思念雙親及原配趙五娘而終日抑鬱，經牛小姐多次盤問，方知實情。

之後，趙五娘揹了公婆畫像，沿途行乞，赴京尋夫。經過了許多波折，終於來到牛府，與伯喈重逢於書館中。

最後在牛小姐的同意下，伯喈和五娘破鏡重圓，一同還鄉掃墓。

作者在這齣戲中，重新處理了蔡伯喈的藝術形象，把一個原是棄親背婦的反面人物改寫成了一個「全忠全孝」的正面人物。

趙五娘是一個典型的中國婦女。她克盡孝道，堅守貞節。

劇中的幾個人物，寫得非常眞實，作者善於通過人物的語言和行動，逐步深入地展現出他們的性格。

明代王世貞在曲藻中說：

「則誠所以冠絕諸劇者，不唯其琢句之工，使事之美而已；其體貼人性，委屈必盡。描寫物態，彷彿如生。問答之際，萬不見扭造，所以佳耳。」

王國維說：「琵琶自鑄偉詞，其佳處殆兼南北之勝。」

唱詞說白，時有妙文，極能描寫戲中人物的身分。尤其糟糠自厭一齣，前人都稱爲全戲的精華。

趙五娘唱：

〔山坡羊〕亂荒荒不豐稔的年歲，遠迢迢不回來的夫婿。急煎煎不耐煩的二親，軟怯怯不濟事的孤身己。衣盡典，寸絲不掛體。幾番要賣了奴身己，爭奈沒主公婆教誰看取？（合）思之，虛飄飄命怎期？難捱，實丕丕災共危。

〔前腔〕滴溜溜難窮盡的珠淚，亂紛紛難寬解的愁緒。骨崖崖難扶持的病體，戰欽欽難捱過的時和歲。這糠呵，我待不吃你，教奴怎忍饑？我待吃呵，怎吃得？（介）苦！思量起來不如奴先死，圖得不知他親死時。（合前）

〔孝順歌〕嘔得我肝腸痛，珠淚垂，喉嚨尚兀自牢嘎住。糠！遭礱被舂杵，篩你簸揚你，吃盡控持。悄似奴家身狼狽，千辛萬苦皆經歷。苦人吃着苦味，兩苦相逢，可知道欲吞不去。（吃吐介）（唱）

〔前腔〕糠和米，本是兩倚依，誰人簸揚你作兩處飛？一賤與一貴，好似奴家共夫婿，終無見期。丈夫，你便是米麼，米在他方沒尋處。奴便是糠麼，怎的把糠救得人饑餒？好似兒夫出去，怎的教奴，供給得公婆甘旨？（不吃放碗介）（唱）

〔前腔〕思量我生無益，死又值甚的！不如忍饑爲怨鬼。公婆年紀老，靠着奴家相依倚，只得苟活片時。片時苟活雖容易，到底日久也難相聚。謾把糠來相比，這糠尚兀自有人吃，奴家骨頭，知他埋在何處？

從糠的難咽，想到了自己和糠一樣受盡顚簸的命運，正如呂天成在曲品中所說「志在筆先，片言宛然代舌，情從境轉，一段直堪斷腸。」傳爲神來之筆。

公公去世後，五娘不願再連累張大公，只好剪下頭髮賣錢埋葬公公。拿起剪刀，想到「結髮的薄倖人」心如刀割，其痛苦與矛盾，描繪得相當細膩。

她走遍大街小巷，並沒有人買她的頭髮。最後還是張大公幫了她的忙，埋葬了公公，爲了報答張大公的恩惠，她把剪下來的一束頭髮，送給張大公作紀念。其實，張大公拿了頭髮有何用呢？這正是五娘的可愛處，正是古代典型婦人之仁的代表。

琵琶記的文辭，總是在劇中人物的思想感情中下功夫。它的特色是以最淺的語言，最通俗的口頭語來寫心裏最深的感情。眞是委婉盡致，絕非那種專寫閨怨別離的言情文句所可比擬的。

琵琶記所運用的語言，是有其獨特風格的，現錄第廿八齣的畫像爲例：趙五娘唱：

〔胡搗練〕辭別去，到荒丘，只愁出路煞生受。畫取眞容聊借手，逢人將此免哀求。

（白）鬼神之道，雖則難明；感應之理，不可不信。奴家昨日，獨自在山築墳，正睏間，忽夢中有神人自稱當山土地，帶領陰兵，與奴家助力；却又祝付，教奴家改換衣裝，去長安尋取丈夫。待覺來果見墳臺並已完備，分明是神道護持。正是：能可信其有，不可信其無。今則二親既已葬了，只得改換衣裝，將着琵琶做行頭，沿街上彈幾只勸行孝的曲兒，教化將去。只是一件，我幾年間和公婆廝守，一旦撇了去，如何下得？奴家從來薄曉得些丹青，何似想像畫取公婆兩個眞容，背着一路去，也似相親傍的一般。但過小祥忌辰，展開與他燒些香紙，奠些涼漿水飯，也是奴家心素。（介）免不得就此描模眞容則個。（唱）

〔三仙橋〕一從他每死後，要相逢不能彀。除非夢裏，暫時略聚首。若要描，描不就，暗想像，教我未寫先淚流。寫，寫不得他苦心頭；描，描不出他饑症候；畫，畫不出他望孩兒的睜睜兩眸。只畫得他髮颼颼，和那衣衫敝垢。休休，若畫做好容顏，須不是趙五娘的姑舅。

這一段小曲文，眞是樸素無華，不但傳蔡公蔡婆之神，而且把五娘之神情，表達得天衣無縫。

這種唱詞，在後來的「湘劇」，「川劇」等高腔中，受到極大的影響。

此外，琵琶記的結構，也極謹嚴合理。趙五娘在陳留郡侍奉公婆及蔡伯喈上京取試的情節，交錯鋪排，互相對照。兩地的生活場景，成了強烈的對比作用。一邊是吃糠賣髮家破人亡，一邊是豪華奢侈，安逸舒適，深刻地描繪了『朱門酒肉臭，路有凍死骨』的景象。

全劇中百分之九十運用了分場對比法。

第二齣「高堂稱壽」與第四十一齣「風木餘恨」首尾呼應。

以及「丹陛陳情」的以後的各齣，正是強烈的悲歡對照。

一面蔡宅「義倉賑濟」，一面牛府「強就鸞鳳」；一面蔡宅「糟糠自厭」，一面牛府「琴訴荷池」；一面蔡宅「祝髮築墳」，一面牛府「中秋賞月」。人間的哀樂、悲喜、貴賤、貧富、忙閑都在這幾齣中表現無遺，令人目不暇接，情緒起伏，毫無單調乏味之感。觀衆也因此得到在欣賞方面的滿足感。

日人青木正兒在中國近世戲曲史中說：「劇中各齣之配置法，以交互演出相對之兩家狀態爲通例，更爲破其對偶之單調計，揷演滑稽或武場等。而其要諦在於欲使文場與武場、冷場與熱場、苦場與樂場相爲表裏，以盡其變化。」

全劇四十二齣中，佈置的方法，多是苦場與樂場交互相映演出，使戲劇衝突更加深入發展。處在兩地的人物，一樂一悲，一喜一憂。一邊瀕予絕望，一邊寄以希望。一方面是無限的思念，一方面是無窮的愁怨……五娘和伯喈的性格和內心的感情，在兩相對比中，作了淋漓盡致的描繪。同時也烘托出伯喈的虛榮、怯懦、矛盾，戲劇的效果因此而提高。明代魏良輔說：「琵琶記雖出於拜月亭之后，然自爲曲祖。」後來的劇作家，大多把此劇當作寫作範本。

琵琶記不僅情節感人，內容具有教化作用。由豪華生活寫到饑民困苦；由科學制度寫到婚姻禮教；由功名利祿寫到天倫之情，是一部寓教化於戲劇的社會寫實作品。今日社會中，何嘗沒有類似琵琶記的故事呢？父母親望子成龍，遠赴異邦求學者，比比皆是。但是，往往學成後，留戀異國之工作環境，寬裕的物質生活，落籍他國，而置雙親不顧。最後甚有和蔡伯喈一樣飲恨於「子欲養而親不待」的憾事，實爲今人借鏡啊！

二、白兔記中李三娘的形象

好賭傾家劉知遠，剪髮受苦李三娘，
投軍偶遇岳元帥，汲水幸會咬臍郎。
——明富春堂本

劉知遠白兔記，是家喻戶曉的民間故事，有明富春堂本及六十種曲本，均出於無名氏之手。故事的結構和琵琶記屬同一類型，劇中的女主角，代表了當時社會中，婦女委曲求全、善良美德的典型。

這個故事，最早淵源於劉知遠諸宮調及關漢卿的「五侯宴」。內容記述五代時的後漢高祖劉知遠與其妻李三娘的離合故事。由於他們夫妻的復合靠的是十六歲兒子追獵一頭白兔，因此又名「白兔記」。

劇中女主角李三娘，是個受盡人間苦難的女人，也是最動人的形象。

李三娘只因父親李文奎爲她招贅的夫婿劉知遠，是個窮困的漢子，爲兄嫂所不容，父母在世時，李三娘和她的贅婿還能過幾天好日子。三娘父母去世後，兄嫂成了一家之主，李三娘和劉知遠成了眼中釘。最後她的丈夫劉知遠被迫出外從軍，一去十六年。這期間李三娘留在家中，過着牛馬不如的生活。她的兄嫂不肯負擔她的生活，逼她改嫁不從。三娘「寧爲奴，不改嫁」的堅強性格，代表了古代婦女的優美品德。

她飽嘗非人的折磨：「吃不飽，睡不暖」，經常受到兄嫂的打駡。特別是劉知遠投軍後，兄嫂逼她若不改嫁只有四條道路可走時，她選擇了「日間挑水三百擔，夜間挨磨到天明」的路子，益發顯示了三娘不向命運低頭的性格。

她在磨房中，生孩子，連脚盆、剪刀都沒有，只得用嘴咬斷臍帶；用衣服來吸乾嬰兒身上的污穢，然後託老僕人竇公，送往遠方從軍的劉知遠。

十餘年來，無任何丈夫和孩子的音訊，她除了以淚洗面外，別無他法。寒來暑往，從朝到暮，她就是「挨磨到四更，挑水到黃昏」地打發日子，把希望寄託於未來——雖然這是很渺茫的。但是善有善報，最後，終與丈夫兒子團圓。

雖然，這齣戲以夫妻團圓作結，但是，李三娘被兄嫂虐待的那一段，描寫得非常深刻，茲摘錄李三娘磨房受苦產子的一段於下（據成化新編白兔記本）：

〔引子〕（旦上）沒奈何臨頭。今朝棄命休。（奴家迤邐來到磨坊門首，半掩半開、冷冷清清，只得挨那磨去。一不恨天，二不恨地。）

〔五更轉〕恨命乖。喫折挫。爹嫂娘知苦麼。哥哥嫂嫂。你好狠心做。趕出我丈夫。發奴家挨磨。天不聞。地不應。如何過。（合）奴家那曾。那曾實識挨磨。挑水心辛勤。只爲劉大。只爲劉大。

〔前腔〕向磨坊愁眉鎖。受苦惱。沒奈何。爹娘在時。把奴如花朵。喪了我又雙親。受這般折磨。（合同前）

〔前腔〕挨幾肩。我已眈頭暈轉。我腹脇疼。腿又酸。身子困倦。我須挨不轉。只爲我的哥哥心變。我爹娘死。我孤單。我如何過。

〔鎖南枝〕星月上。傍四更。莊前犬雞籬外鳴。哥哥甚言無情。把奴挨磨到天明。想我劉郎去也。未知前程。想的誤了年少人。叫天不應地不聞。腹轉疼。實難忍。房兒冷清清。風刮的冷冰冰。料想分娩在今宵。有一個懷。藉。恨。望祖宗有顯靈。保母子早離身。

〔步步嬌〕如今養子。方知父母恩厚。各自思前後。哥哥心狠毒。嫂嫂不仁。暗使些兒機謀。逼奴家再招夫。劉知遠，你一似喪家狗，猶欲待軒訴我寃仇。待說來誰人睬瞅。免孩兒得到頭。劉郎得自由。

〔駐雲飛〕（旦）苦也。孩兒、娘將萬苦、千辛養下你。頭臉上都是水。三魂將離體。兒、假若你先歸死了。我孩兒、誰替你娘爭口氣。正是，父在軍中。誰人報與他知。誰人報與他知。

〔前腔〕（旦）兄嫂無知。逼勒劉郎寫逼休書。逼勒投軍去。罰奴在磨坊裏。知生下咬臍兒方才三日。丟他魚池裏。正是，人善人欺。天不可欺。人善人欺。天不可欺。

〔宜春令〕（旦）竇公聽訴因依。兄嫂不合沒道理。謝伊恩義。把我孩兒送去爹行去。處見劉郎說與他知。方三日離娘懷裏。你若還長成時。休忘了竇公救你恩義。

詩曰、孩兒一去痛傷情。　鐵打心肝也淚流。

〔末〕見了劉郎如此說。記取孩兒劉咬臍。（下）。〔臨江仙〕（旦）孩兒一去淚交流。天呀，馬行十步九回頭。如今不敢高聲哭。閣淚汪汪不敢流。（下）

這一段充分發揮了母性的光輝，忍痛產子，接着把兒子送走，爲的是不願兒子和她一樣吃苦。她對兒子的愛護，遠超過她對自己的愛護。

至於磨房相會一段，也有極感人的描繪，玆摘錄於下。（據富春堂本）

第三十八折

〔掛眞兒〕（旦上）離恨窮愁何日了。空目斷水遠山遙。雪霽雲歸。天淸月照。無奈風寒靜悄。薄衣不來良夜靜。

〔四朝元〕雲收霧捲。雪晴月正圓。見一天霽色。四壁光寒。坐來人自慘。更磨房冷淡。更磨房冷淡。雪映窮簷。冰涵碧漢。對月無言。因風有感。驀自生愁嘆。嗏，萬里共長天。劉郎。你在地北天南。兩情難遣。移步問嬋娟。征人何日還。愁眉淚眼。月呵。夫夫婦婦。有無相見。

〔前腔〕（生）天高月淡。相涵霽雪寒。正更闌籟靜。萬頃茫然。乘舟人興返。

〔前腔〕（旦）名虧行短。中心豈不慚。自瓜園別去。何處留連。不思歸故苑。望衡陽雁斷。骨肉相殘。雲鬟被剪。歷盡艱難。敢生嗟怨。此恨何時遣。嗏。捱過苦多年。熬定形骸。甘爲下賤。夫婿枉徒然。苦甘空自憐。何勞遠念。生生死死。豈須相見。

〔前腔〕（生）關河路遠羈身未得還。更四方兵革。萬里塵煙。音書難寄轉。從邠州統兵討賊。淹留軍中。一十五年。近時纔得回到邠州。見上林有雁。上林有雁。知在家中，苦遭磨貶。日夜兼程。不辭涉險。今與兒同返。

……………

這場戲，如果在今天舞臺上演出，其感動的成分，絕不遜於「汾河灣」、「武家坡」、「趙五娘上京等」戲。

李三娘那種逆來順受，以及對劉知遠的深情，博得了廣大觀衆的同情，在作者筆下的三娘，是個有着美麗靈魂的人，也有着一顆善良的心，這就是爲什麼能吸引人的地方。

尤其結尾，李三娘看在兒子的分上，向劉知遠求情，饒恕了哥哥，更是含有一種濃厚的人情味，這點正是李三娘的可愛處；當一個人處在順境時，關懷別人，是容易做到的，因爲這對她本身沒有什麼困難，可是當一個人處在最困難的境地，特別是在受到百般煎熬時，還能去關心別人，這就極具克己爲人的仁愛精神了。琵琶記中趙五娘，就是扮演這樣高操品格的角色。

白兔記，是早期的民間創作，無論在人物塑造，賓白唱詞方面，難免有許多粗糙不够細膩的地方，但是它的樸實、白描，自有其引人入勝之處。許多簡明的動作表達了豐富的內容，白兔記之所以幾百年流傳下來，其主要原因在此。

明富春堂本，和六十種曲本相較，情節雖無多大變化，文詞却完全不同，後者遣詞用韻，已漸趨整齊。

在藝術的成就上，白兔記是具有民間創作質樸的特色，這點是可以斷言的。

三、電視國劇的起步（評王魁負桂英）

國劇，是中國傳統藝術之一，是絕對不能到此爲止的。近年來，政府也好，民間也好，大衆傳播也好，都在大力的支持與提倡着。

但是，不可否認的，要想把這門藝術，一成不變地，要年輕人去接受，似乎是不太可能；除非你能吸取新的養份，隨着時代的進步而不斷創新！譬如舞臺的效果，劇情的濃縮，唱詞的通俗。換句話說，想把戲劇一代一代的延續下去，必須要尋找一個新的途徑，當然這個途徑仍然建築在舊有的上面。

由於經濟繁榮，國民所得提高，目前似乎家家戶戶都擁有電視機；而電視影響力之大，是有目共睹的。我們生活素質的提高與否，似乎已決定於電視節目的好壞。據說我國電視的自製率相當高；遺憾的是，大多屬於娛樂性的，至於知識性、藝術文化之類的節目，所佔的份量眞是少之又少，爲什麼我們的生活水準提高得如此快，而生活素質却提高得如此之慢呢？這是値得檢討的問題。

可喜的是，最近一連兩個週末，臺視所播出的雅音小集「王魁負桂英」，是一項突破性、創造性的戲劇節目。這是舞臺與電視的結合；也是中國戲劇史上的一大轉變——「電視平劇」，是一項大膽的嘗試，令人有耳目一新之感。

「王」劇，是俞大綱先生根據宋元南戲「負心王魁」、明傳奇「焚香記」以及川劇「情探」改編濃縮而成，是個家喻戶曉的民間故事。主要的人物是焦桂英、王魁，以及老僕王興，着重於演員的表情部份，很適合電視畫面的演出。全劇分「寄書」、「訣院」、「淒控」、「辭主」、

「冥路」與「情探」等六場。文詞優美，場次緊湊。

「王劇」，是描寫宋朝王魁因流落山東萊陽，爲青樓女子焦桂英所收容，並鼓勵王生讀書。王魁在焦家住了三年，桂英母女又資助他上京考試。王魁得中狀元之後，却嫌棄桂英身分低賤，而另娶韓丞相女兒。另方面則以銀子三百兩和休書一封，派老僕王興送給桂英。桂英看到休書，哀怨欲絕，這是古代典型的愛情小說，薄倖男子背棄癡心女子的故事。

爲了讓演員有充份發揮及表現的機會，所以過去他們如何相識而結婚的一段，予以省略，直接從王魁中狀元後，開始演起，其中也運用了電視的技巧，穿插了一些倒敍回憶的鏡頭，這是舞臺劇沒法做到的。

電視之異於舞臺，一是偏重局部，一是偏重整體。

當桂英接到王魁的休書時，燈光突然轉暗，電視運用了特寫鏡頭，來刻劃她臉部的表情，是很成功的，加之近景、遠景的重疊運用，有着天旋地轉的感覺，電視氣氛和劇情配合得不錯。

桂英到海神廟去訴寃屈，回憶當初王魁在海神廟前向她訂情發誓時，螢光幕上出現了王魁的影像。以至後來老家人向王魁報告桂英自殺的消息時，又倒敍了當初桂英對他的幫忙，都重複過去的畫面，更加深了觀衆對桂英的同情，這是電視特色。

時下的連續劇，之所以比平劇的收視率高，主要的是鏡頭轉移靈活而多變化，人都是喜歡新奇的啊！

說到這裏，又使我想起了臺視的論語節目，就是因爲不流於枯燥呆板，朝着趣味性、戲劇性的途徑去做，所以才達到寓敎於樂的效果，擧一反三，其他諸如四書五經，如果都做得像論語一樣活潑，自然是有可看性的。

利用最直接、最快速、最傳眞的傳播工具——電視，來宣揚我中華固有的文化藝術，是項智擧，也是刻不容緩的事。但必須要集思廣益羣策羣力，把這件事做好，不可顧此失彼；尤其在開始和電視結合的時候，總是有些不盡如意的地方。好在來日方長，可以彌補過來。

就以「王」劇來說，不知是否受到場地的限制，場次交代不淸，以至情節不能連貫，好在這個故事都是大家所熟悉的。其實，每場的開始，不妨標明前面所提的齣目，也是劃分場次辦法。還有，舞臺上最講究的是上下場；左邊上，右邊下，你去我來，我來你去，都是可以左右場子氣氛的，但是製作成電視後，就看不到這些了。不知道是否一定在劇院才能欣賞，而電視就沒法滿足觀衆了呢？

舞臺上的文武場，原本是平劇的靈魂人物，可是到了電視，這些鼓板、鑼鼓、胡琴、月琴、笛子等都成了幕後英雄，而不見踪影。本來歌、舞、樂，是合而爲一的，如今似乎只着重了演員的表演而忽略了樂器部份。至於國樂的配音，音量略嫌大了一點，有喧賓奪主之感，而且不够流暢柔美，和劇情不能絲絲扣上。相信這些人爲的問題可以補救的。

中國的戲曲，特別講究的是服裝、扮像以及舞臺上的身段，無一不是具有高度的藝術成就的，現在有了電視的特殊技巧，可以把一個特寫鏡頭，呈現在觀衆眼前，讓我們仔細欣賞研究，固然是很過癮。但是，鏡頭的取捨，相當重要，這就要看導播的眼光了，是由不得觀衆的。譬如說我想看演員的身段，而偏偏螢幕上呈現出一個臉部的特寫鏡頭，好久、好久才換了另一個鏡頭，這就是說，「過份」強調局部表演，也會引起觀衆反感的。

「王劇」的服裝設計，是不錯的，但是和舞臺上簡陋的桌椅，有點不太協調。傳統舞臺上桌椅的繡幔，似乎是有存在的必要。拿去了，總覺得少了些什麼。

「冥路」這場戲，是整劇的高潮，是鬼魂場景，在這場戲中，郭小莊有很特殊的演出；白衣披髮，背着出場，然後猛一回頭亮相，又是幾圈碎步在雲霧上廻轉，可以說達到神乎其技的地步，很是懾人心魄。這點成就，是有目共睹。可是冥冥的牛頭馬面、判官等領着桂英的魂身，前往索取王魁的命時的一段，還不够戲劇化、不够刺激。我想，以電視的技巧，可以處理得更像冥界些，當然，責任不在演員、導播，所有參與工作者如美工、化裝、燈光、配樂、攝影等等，都要配合得好。當然，對於國劇的修養與認識，也是有關係的。

說到這裏，又使我聯想到佈景，譬如前面提到的海神廟，何不就做一個「實體」的背景，來取代那塊「布幔」呢？以目前的經濟條件，做個類似廟宇的佈景，應該不困難的，既然是要創新，何不就放開手來做呢？

最後，順便提到的是：地毯是傳統舞臺上不可或缺的，但是在「王」劇內，却用了方塊草蓆來取代地毯，不知道有什麼特別含意？

至於唱詞部份，「焚香記」也好，「情探」也好，都寫得哀怨動人。經過俞大綱先生的改寫後，更是典麗清新，雅俗共賞。

譬如「訣院」一場中桂英所唱「一抹春風百刼身，菱花空對海揚塵，縱然埋骨成灰燼，難遣人間未了情」眞是又淒又美，令人聽了不禁一掬同情之淚。

再如第六場「情探」的開始，桂英所唱的「深院靜，小庭空，淒凉一派，看月如止水，倒侵樓臺。」美極了；同時把四周的環境，借着歌詞，交代得一淸二楚。這大概也就是中國傳統戲劇的特色之一吧——歌詞就是抽象的背景啊！

坐在家裏欣賞電視平劇，雖然不如舞臺上的眞實，但是你可以使視覺、聽覺同時享受，甚至可以跟着唱將起來，而無人干涉，這點是在戲院子內，做不到的。

「王」劇只不過是「電視平劇」的起步，相信只要拿出創新的勇氣與敬業的精神，不止是平劇，其他如地方戲、布袋戲、皮影戲，都是可以和電視結合，而達到盡善盡美的地步。對於那些原本排斥平劇或傳統戲劇的年輕人，必會產生另一種的驚嘆，繼而去接近它喜歡它。只要不「關機」，就已達到了電視所肩負起的文化傳播使命啊！

四、遊園驚夢觀後

期待已久的大型舞臺劇——遊園驚夢，終於在千呼萬喚中登場了；這是演出的第三天，正是「西仕」颱風來襲，但並未影響到那些熱愛舞臺藝術的人們。

聽說入場券，早已銷售一空。爲了怕入場時人潮洶湧，我特地於開演前二十分，抵達了國父紀念舘。

坐定後，讓我有充份的時間，仔細地欣賞舞臺上的設計。紀念舘的舞臺，對我並不陌生，無論歌、舞、樂的晚會，只要時間允許，我從不放過。但是，今晚却與以前不同了；臺上是一個貴族式的宴會排場，眞是熱鬧非凡，似乎每個空間都利用到了。

其實，凡是讀過白先勇「遊」作的，對臺上的景物應有「似曾相識」之感的。

「……廳堂異常寬大，呈凸字形，是個中西合壁的款式。左半邊置着一堂軟墊沙發，右半邊置着一堂紫檀硬木桌椅，中間地板上，却隔着一張兩寸厚的大地毯。右半邊八張紫檀椅子團團着一張嵌紋石桌面的八仙桌，桌上佈滿了各式的糖盒茶具。廳堂凸字尖端，也擺着六張一式的紅木靠椅，椅子三三分開圈了個半圓，中間缺口處，却高高豎了一檔烏木架流雲蝙蝠鑲雲母片的屏風。」（原作第二二五頁）

可以說，原作中所描寫竇府的廳堂，完全搬上了舞臺；不同的是那臺上的屏風，它是一個繡了三大朶牡丹的紗屏，內面的桌椅隱約可見。

還有舞臺的左、右兩邊，特地搭了一方型的表演臺（供女主角囘憶中的人物出場表演）。舞臺的頂上，又懸了一橫幅的銀幕，以便配合電影、幻燈、字幕等多媒體。這大概就是與以往舞臺設計不同的地方吧？由此可知，舞臺劇眞是門綜合藝術，集體創作啊！同時，它也是具有時代的藝術，不能老停在舊的時代。

自從電視普及到每一個家庭之後，人們都懶得往戲院跑了，更何況是去看場早已沉寂的舞臺劇？難怪近年來，雖有話劇委員會等少數人的大力提倡，也是枉然。想要恢復二、三十年前的話劇盛況，是不可能的事。

然而，十年風水輪流轉；如今，不知是那來的一陣風，人們突然對這沒落已久的舞臺劇，發生了興趣，大概是看膩了螢光幕吧？這不能不說是戲劇史上的一大奇蹟。

當然，「劇本」是戲劇成敗的關鍵，這齣戲的原作本身就是個戲——一個反映人生，刻劃內心的戲。

兩個半小時的獨幕劇，所演出的無非是竇府中宴會的始末。

戲劇大師莎士比亞說過：「世界就是一個大舞臺，人類則是舞臺上的俳優。」戲劇所表現的，正是片段的人生。

戲中，藉着竇夫人姐妹和程參謀之間的三角戀愛，來影射女主角錢夫人的一生。換句話說，就是借着錢夫人在這個晚宴上，親眼看到過了事情的重演。所謂人生卽戲，戲卽人生。

將傳統溶入現代，正是此劇的最大特色，尤其是把崑曲中的「遊園」「驚夢」貫穿在戲劇裏面。

正如白先勇自己所說：「這次製作『遊園驚夢』，最大目標之一，就是嘗試將部份崑曲及平劇的身段與音樂，運用到舞臺表演上，以增加戲劇效果……希望保持中國傳統文化的精髓，但也不排斥西方現代的科技文明，將傳統溶入現代……」

怕的是，一般年輕的觀衆，對傳統戲曲的陌生；如果他們不知道杜麗娘與柳夢梅的一段纏綿愛情故事，那看是很難體會出此劇的「戲中戲」、「夢中夢」的滋味。

就因爲這個淒迷浪漫的戲曲，而觸起了白先勇寫這篇小說的動機。

劇中的女主角錢夫人，正是杜麗娘的化身。她年輕是因唱了齣「遊園驚夢」，而做了錢將軍的塡房，享盡榮華富貴，却是青春虛度。後來她和年輕瀟灑的參謀鄭彥青，有了一段令她難以忘懷的戀情；但是，良辰美景奈何天，她夢中的白馬王子，旋即被妹妹所奪，眞是只有淚眼問蒼天了。

無論小說也好，戲劇也好，都是少不了內心活動的刻劃。少了這個，就不能稱之爲小說、戲劇。而在「遊」劇中，可以說大半都在表演女主角錢夫人的內心戲。

可惜，舞臺太寬，女主角（盧燕飾）站在臺中獨白時，卽使有聚光燈打在她臉上，也很難使坐在後段的觀衆，看淸楚她臉上細膩的表情。畢竟舞臺劇是門相當精緻的藝術，恐怕還是小型的劇院爲妥。

一個新「舞臺劇」的產生，總難免有不盡人意處，譬如說：該寫實的沒寫實，該抽象的未抽象（像電視平劇，就犯此毛病）。此劇，雖然靠着明、暗燈光來劃分錢夫人的回憶與現實，但是仍有混淆之處。

譬如徐太太唱完了一段崑曲後，燈光開始暗了下來，接着銀幕上錢夫人年輕時和鄭參謀騎馬郊遊，發生戀情的一段電影，拍攝手法很清新脫俗。但是要把這種時空交錯的意識流的感情，呈現在觀衆面前，似乎是太抽象化了。不過在多媒體的效果下，的確做到了似眞似幻，似實似夢的境地。但是對一般年輕觀衆，怕一時會不過意來；尤其影片完了，舞臺上的錢夫人重覆地喊着：「我只活過一次。」實在很難說得明白。

銀幕上打出來的唱詞，用草書固然很美，很有藝術氣氛；但爲了雅俗共賞，爲了引起共鳴，最好還是以楷書爲佳。

至於「遊」劇的演員，可以說都是平時在螢光幕上常出現的面孔。不過，他（她）們在臺上的演出，更爲賣力。其中，一些資深演員如錢璐、吳國良、崔福生、歸亞雷等還都是出身軍中話劇社。他們精湛的演技，使得原小說中的人物，一一活現在舞臺上。亦由此證明過去話劇社，的確造就了不少演技派的大明星啊！

其他如飾演天辣椒的胡錦，戲的份量很重，演得也很潑辣。只是在終散時，她舞完劍，拎了皮包就悄悄地離開宴會的地方，有點不太自然。這是導演上的技巧問題，如果以另一種方式，甚或電影的畫面，來象徵結束也未嘗不可。

另一敗筆是：笛王顧傳信（王宇飾），並沒有好好發揮他的演技。記得，在開演的不久，竇夫人姐妹花了很多時間，介紹這位崑曲笛王如何了不得，如何不易請動，但是始終沒有替笛王安排一場足以表現他笛子功夫的戲。以現今配音的技術，是不難處理的。

至於音樂部份，似乎聽不出它的主旋律。開頭和結尾，有點現代化，和劇中委婉動人的崑曲腔調，不太協調。

無論如何，這是齣大胆、新穎的舞臺劇。雖然是抽象化、藝術化了點，總之，使舞臺劇，向前推動了一步。

相信不久的將來，有更多富有時代性的劇本產生，我們拭目以待。

文學史中的兩個悲劇

——從孔雀東南飛到釵頭鳳

鄭向恒

孔雀東南飛和釵頭鳳是兩個不同時代，不同體裁的文學作品。前者是產生於漢末的樂府詩歌；後者是產生於南宋的詞，其間相距約千年；但是都以高度的藝術技巧，來表現男女追求愛情的渴望。最後終因婆媳之間的摩擦，而活生生的被拆散，成爲舊禮教下的犧牲者。故事中都蘊藏了深厚的思想感情和現實意義。

這兩篇作品中的女主角劉蘭芝也好、唐琬也好，都是才貌雙全、美麗、柔順的女子，但都不能博得婆婆的歡心。劉蘭芝是個勤勞能幹，有教養的女子，卻不能改變她婆婆對她的偏見；百般挑剔，左右爲難，逼迫蘭芝遣回娘家。而從「釵頭鳳」詞中，亦可看出唐琬對陸游的癡情，但是由於婆婆冷峻、固執加之迷信媳婦命中犯沖帶剋與陸游的八字不合，一手造成逐媳及逼子另娶的不幸事件。至於男主角，焦仲卿也好、陸游也好，都沒有違抗「母命」的勇氣，結果，蘭芝投水自殺，仲卿跟著上吊。而唐琬也被迫和陸游分開。

這兩對年輕夫婦，就這樣給後人留下了悲劇形象。從詩詞的描寫中，正可窺出古代女性內心的衝突與掙扎。可以說對古代不合理的家庭與道德，作了激烈的批評和反抗。

在兩漢的樂府民歌中，孔雀東南飛是最有成就的長篇敍事詩了。全詩共有三百五十七句的孔雀東南飛又名古詩爲焦仲卿妻作。在這首詩的前面，有一篇小序，大概的意思是說：在漢末建安中（公元一九六——二二〇），安徽省廬江府的一個小官員名叫焦仲卿，娶了一個又漂亮又賢惠的少女劉蘭芝爲妻，夫妻倆人處得非常好，不料焦母卻十分討厭這個媳婦。兒子無奈，只有順著母親的意思，叫蘭芝回娘家。誰知蘭芝回家後，竟被哥哥逼著改嫁別人，但是她對仲卿的愛情是堅貞的，最後這一對恩愛夫妻只得雙雙殉情。死後，家人把他們合葬在一起，於是寫下了這篇詩歌。後人讀了這首詩篇，沒有不感動得落淚的。

具有社會意識的「孔雀東南飛」可以說是南方詩敍事的代表，溫柔敦厚，淒婉纏綿，描寫得非常細膩。

「十三能織素，十四學裁衣。十五彈箜篌，十六誦詩書。」

「雞鳴入機織，夜夜不得息。」

從這些詩句中，充分說明了蘭芝的多才多藝，以及吃苦耐勞的精神。

「昔作女兒時，生小出野里，本自無教訓，兼愧貴家子。受母錢帛多，不堪母驅使。今日還家去，念母勞家裏。」

這幾句詩是蘭芝在離開焦家時，向婆婆告別的話：表面上是自責是卑順，骨子裏頭卻是抗議，又婉轉又含蓄。像蘭芝這樣一個忍氣吞聲、委曲求全的婦女，竟不容於婆婆，可以說是時代的悲劇。

蘭芝是完美無缺的；可是焦母偏偏說什麼：「無禮節，舉動自專由，吾意久懷忿，汝豈得自由。」

蘭芝夫婦的被迫分開，正表現出舊家庭制度下的悲劇。是令人同情的，但最後的結局——化成一對在林間雙飛和鳴的鳥，是令人感到安慰的。

「枝枝相覆蓋，葉葉相交通。中有雙飛鳥，自名爲鴛鴦。」

從這幾句詩中，正表現了他們愛情的永不泯滅。

孔雀東南飛的人物刻劃是很鮮明生動的。作者運用了自然的口語，白描的手法，非常突出的描寫了詩中的人物形象：仲卿的懦弱、蘭芝的堅強、焦母的專橫、劉兄的勢利。這些人物的個性，正是那個時代背景產生的。尤其是把蘭芝那種反傳統的堅強意念和爲愛情犧牲的決心，寫得非常眞實動人。

「釵頭鳳」的故事，根據周密齊東野語中的記載是這樣的：陸游初娶表妹唐琬爲妻，夫婦倆感情深厚，琴瑟和鳴。不料陸游的母親就是不喜歡這個媳婦，說什麼八字不合，弄得婆媳之間感情越來越糟，到了不可收拾的地步。正如陸游詩中所說：「不如意事常千百。」但是在舊禮教的束縛下，母命不可抗，只有把妻子給休了。唐琬離開陸家後，傳說陸游曾把唐琬金屋藏嬌地藏了起來，暗中來往，不料被陸母知道，帶了大隊人馬登門「問罪」，不得已夫妻倆只好分開。唐琬後來改嫁趙士程，陸游也另娶。過了幾年，也就是紹興二十五年，陸游三十一歲，偶然和唐琬在「沈園」相遇，當時唐琬是和丈夫趙士程同遊「沈園」，唐琬徵得趙的同意，派僕人送酒給陸游，於是陸游就在這種情況下，題了這首「釵頭鳳」詞在沈園壁上，唐琬也和了一首，不久憂鬱而死。

釵頭鳳這首詞和孔雀東南飛，同樣有著高度的藝術性。尤其詞中運用了「錯！錯！錯！」「莫！莫！莫！」的疊字，眞是一唱三歎，充分流露出作者的懊惱，與無可奈何。

「東風惡，歡情薄」的東風，暗指婆婆；歡情，是指美滿婚姻。唐琬和陸游原是對恩愛夫婦，過著神仙般生活，不幸，婆婆無情，把美好姻緣拆散。

「春如舊，人空瘦，淚痕空絕鮫綃透」是指沈園內景物依舊，而人卻爲了相思而清瘦了。淚水沾滿臉上的胭脂，和著淚水的胭脂，濕透了絲做的手帕。

「山盟雖在，錦書難託」是說當年的海誓山盟，言猶在耳，只是現在因爲種種因素，再也無法傳遞消息了。其中的哀傷豈是外人所能了解。

陸游感情的眞摯深厚，以及遺憾負疚的心情，除了表現在釵頭鳳詞上，還可以從二首夜夢遊沈氏園亭詩中看出：

「路近城南已怕行，沈家園裏更傷情。
香穿客袖梅花在，綠蘸寺橋春水生。」
「城南小陌又逢春，只見梅花不見人。
玉骨久成泉下土，墨痕猶鎖壁間塵。」

這是他八十一歲時，對唐琬的悼念詩，他的用情之專，由此可知。直到八十四歲，去世前一年，他舊地重遊沈園時，還有感而發作一詩：

「沈家園裏花如錦，半是當年識放翁，也信美人終作土，不堪幽夢太匆匆。」

「美人作土」指唐琬久逝，「幽夢匆匆」指他們夫妻相聚的短暫。

除了兒女私情外，他也念念不忘家國之情，時時以恢復中原爲己志，他的壯志雄心，正可從他的示兒詩中看出：「王師北定中原日，家祭無忘告乃翁」。

這是多麼傷心的遺囑。他臨終的時候，遺憾地作了一詩：「死前恨不見中原。」可以說對國家之情，至死不渝。陸游一生忠實、正直、純樸。他那種愛國愛家的高超情感以及悲慘的境遇，正可透過他的作品看出。他不但是愛國詩人，也是多情的詩人。

遺憾的是，在婚姻方面，他卻成了舊式家庭制度下的悲劇主角。

反觀生活在現代的青年男女，能自由戀愛，眞不知多麼幸福啊！

（原刊於民國七十五年十月九日青年戰士報副刊）

淺談戲曲中的俗語

鄭向恆

戲曲之所以擁有廣大的聽衆，我想除了它的表演藝術外，主要的是採用了大量俗語的緣故吧！

正如任訥在散曲概論及曲譜中所說：

「元曲之高，在不尙文言之藻形，而重用白話，於方言，俗語之中，多鑄繪聲繪影之新詞，以形成其文章之妙。」

「夫論曲之大體，有便有在一『俗』字，好便好在一『俗字』、一繩之以雅，即離曲遠甚，而就詞反近。」

由此可見，戲曲之特色也就在於「通俗」！

戲曲是一種通俗文藝，是有地方性的，故要有高度的口語，而這高度的口語化，也就是形成雜劇寫實趣味的基本因素。

尤其是在說白部分，所謂說白就是補唱詞的不足，以今日的話劇而言，就是「臺詞」，就是以前所謂的「賓白」，大都是以俗語方言爲主。譬如：

關漢卿救風塵劇第一折：

正旦：「妹子，你那裏人情去？」外旦曰：「我不人情去，我待嫁人哩！」

「人情」，就是做客，應酬的俗語。

關漢卿竇娥冤雜劇第三折：

斬官曰：「這等三伏天道，你便有衝天的怨氣，也召不得一片雪來。」

「天道」就是時候，天氣的俗語。

馬致遠漢宮秋戲劇一折酸中曲：「若是越勾踐姑蘇臺上見他，那西施半籌也不納。」

「半籌也不納。」就是毫無辦法的俗語。

祁駿佳鴛鴦被劇一折混江龍曲：

「耽擱了二十二好前程，不見俺稱心時。」

無名氏連環計劇二折烏夜啼曲：

「美前程，新姻春，一任的春風院宇，夜月庭軒。」

「前程」就是婚姻的俗語。

諸如此類的例子，眞是不勝枚舉。

俗語方言在戲曲中的地位與價値亦可想而知。

戲曲，是通俗的文學，它的對象是廣大的民衆的基礎，尤其是地方戲，更是帶有濃厚的地方色彩。

劇作家在作曲時，必須靈活運用方言、俗語，以引起觀衆的共鳴。再說，北曲作家，大都是藉著描寫世態，來勸諭當時的人，所以必須把觀衆聽得懂的方言俗語，放入唱詞道白之中。這也就是何以元明戲曲極盛一時而流傳下來的原因。正如王國維先生在宋元戲曲考中所云：

「其作劇也，非有藏之名山，傳之其人之意也。彼以意興之所至爲之，以自娛娛人。關目之拙惡，所不問也。思想之卑陋，所不諱也。人物之矛盾，所不顧也。但摹寫其胸中之感想，與時代之情狀，而眞摯之理與秀傑之氣，時時流露於其間。」

作曲家作曲的目的既然在娛樂人，讓人喜歡。因此，當然要雜用方言俗語，才容易被一般人所瞭解、接受。所以取材瑣碎，用語粗俗，在所不顧。

尤其是寫到下層社會間的事物，文辭最重「本色」，也就是用眞摯和坦率的語言，才能曲盡它的情態。

如康進之梁山伯李逵負荊雜劇中一折，李逵聽得王林說起女兒被搶時，所唱的一段：

「我這裏猛睜眸，他那裏巧舌頭，是非只爲多開口。但半星兒虛謬，惱翻我，怎干休！一把火將你那草團瓢（草房），燒成腐灰，盛酒甕摔做碎瓷甌。砍折你那蟠根桑棗樹，活殺你那闊角水黃牛。」

這種爽直的口吻，眞不遜於水滸傳中用散文描寫出來的黑旋風。

元代戲曲中，因爲可加襯字疊字疊韻的運用，也是極尋常的事。如無名氏風雨像生貨郎旦雜劇第三折：

「我只見黑黯黯天涯雲佈，更那堪濕淋淋傾盆驟雨。早是那窄窄狹狹，溝溝塹塹路崎嶇，知奔向何方所？猶喜的瀟瀟灑灑，斷斷續續，出出津津，忽忽嚕嚕陰雲開處。我只見霍霍閃閃電光星炷，怎禁那蕭蕭瑟瑟，風風點點滴滴雨雨，送的來高高下下，凹凹凸凸一搭模糊。早做了撲撲簌簌，濕濕漉漉疎林人物，倒與他粧就了一幅昏昏慘慘瀟湘水墨圖。」

這種「疊」字的運用，可以說是聲繁調促，繪聲繪影，有如急水流泉，有時在形容中還夾著音響，令人有身歷其境之感。

由於時空的變遷，以及語言的新陳代謝，有些字，在現在讀起來似乎不順口，其實都是當時的口語，也就是當時所流行的俗語。

正因如此，才造成戲曲上的眞實性。

故王國維說：

「元劇最佳之處，在寫情則沁人心脾，寫景則在人耳目，述事則如其口出是也。」

總之，新戲曲的創作，仍然可以循著固有戲曲的特色，再配合時代的要求，以提昇戲曲上的藝術成就。

（原刊於民國七十二年十二月廿三日青年戰士報副刊）

中國戲曲表演藝術的特色

鄭向恆

中國古典戲曲的發展，可以說有兩千多年的歷史，兩千餘年，等於西方新興國家整個的歷史過程。難怪，每當我到國軍文藝活動中心觀賞平劇或地方戲時，總是看到許多老外手執相機咔嚓咔嚓地對著舞臺上所扮演的生、旦、淨、末、丑，以及一些功夫猛照不已。每看到這種情景，我就暗自感嘆不已，人家如此這般地肯定了我們戲曲的優美性，我們豈能予以忽視；尤其遺憾的是戲院裡的觀衆仍是中年以上年紀的人，偶爾點綴一些年輕小伙子（說不定還是劇校的學生哩！）

我想，最主要原因，可能是由於抽象的表現手法和一些冗長的唱腔沒辦法令年輕人容易接受。殊不知這正是中國戲曲的特色啊！

尤其是平劇，它的表演藝術，可以說駕乎了一切劇種之上。它由於吸收了地方戲劇，如弋陽腔、梆子腔、漢調、徽調等優點，更經過清代中葉以來，千錘百煉的創造發展，而構成了一套獨特的藝術風格：

㈠唱腔，是戲曲中的靈魂，生、旦、淨、丑等不同的角色，有不同的唱腔。

平劇的唱腔，主要分為二簧與西皮兩大類。在二簧中又有反二簧、四平、反四平。在西皮中又有反西皮、南梆子諸腔。

這些腔調，主要使那些不同的角色在表現感情時用的，如表現悲痛時，宜用反二簧；表現快樂時則用西皮，表現莊重時用二簧，表現出思時宜用南梆子。

唱的時候，不但字正腔圓，而且要分平上去入。劇中人物的喜怒哀樂，也要完全融合在唱腔上面，使唱出來的音節，隨著人物的感情在變化。

㈡唸白，也是平劇中的特色。唸白，就是說話，但不同於平常說話者；是要有韻律，有節奏，有快慢。不像唱腔，有音樂，有鑼鼓點可循。唸白，完全憑丹田之氣，啓舌之力，把每個字，每句話，都要清晰地打入觀衆耳裡，而且要扣住劇本的情節，人物的感情，方可引起觀衆的共鳴，俗云：「千斤唸白，四兩唱。」就是說明唸白之難難於唱了。

㈢身段，在表演藝術上，除了使用唱腔、唸白外，還要靠身段表現故事的情節，以及人物的個性。所謂身段，是指表演時身體的各種動作和做表而言。

身段是身體動作臉部表情的統稱，包括了眼法、手法、身法、步法。眼法是指臉上表情，如喜、怒、哀、樂，全靠眼神來表現；如凶眼、媚眼、怒眼、醉眼等。手法就是手式，種類繁多。如彈汗、攧手、拍腿、揚鞭、云手、抖袖、揮袖、指法、招式、拳式等。姿勢要美，傳情要逼眞，各有各的表現技巧。

身法就是起、落、進、退等動作。其他如臺步，也各有各的規距、正步、跑步、起步、輾步、搖步等，視角色的不同而有所不同。

也有人認爲平劇的身段，就是舞蹈，因爲平劇中的表演一如中國畫，是寫意而非寫實，因此無論動作身段，都成了舞蹈的形式，也正是平劇的特色。如「遊園」的撲蝶，「紅娘」之摘花，都以動作來象徵實物，如武家坡：薛平貴唱到：「八月十五月光明」時，就以兩手高舉成圓形，以象月形，這也就是舞蹈的動作。

象徵性的動作是平劇的特色，如一根馬鞭，代表一匹馬；一塊布畫上城牆；代表銅牆鐵壁；畫上輪子，便成了車子，四個龍套代表十萬大軍。以袖掩目代表哭，以兩手食指相對而立表不戀愛。在臺上走圓場表示甲地到乙地，而且口中唸著「行行去去，去去行行，轉彎抹角一時來到」。再如從下場門進去，又從上場門出來，就表示已走了許多里的路，或是隔了多少年。這些都是抽象的表演方式，如果不加以解釋，老外是看不懂的，一旦弄懂了卻發出由衷的讚佩！

㈣臉譜：是平劇的特色之一；其起源可以遠溯到南北朝蘭陸王的代面；隋唐嘉注載：「齊文襄長子長恭，封蘭陸王，與周師戰，嘗著假面對敵，勇冠三軍。」就是以假面作飾。直至唐宋以後，才用之於表演，再經過不斷的演變，廢去僞面，乃直接勾畫在臉上，又經濟又方便、又美觀，而成爲一個專門的藝術。

古典戲曲中，無論人物、動作，大都是以「象徵」手法來表現。從臉譜的勾畫來說，因爲各種顏色、圖案、條紋的不同，而使觀衆分辨出劇中人物的忠貞、憨直、凶狠等善惡、好壞的個性，有時有的顏色非常鮮明，爲的是誇張和強化人物的類型。譬如爲了表現關雲長的忠義和威儀，他的臉化妝得特別鮮紅；爲了表現張飛的魯莽粗獷，他的臉就被塗得像鍋底一樣黑；爲了表現曹操的奸詐，他的臉就塗得特別白。半臉白，半臉黑，表示判官的角色。碎臉表示暴躁，歪臉表示險惡行爲不正，黃臉表示幹練。於是一看什麼顏色的臉譜，就知道是什麼人物了。

㈤服飾：中國的戲曲，所演的是歷史故事，因此劇中的服飾，多爲歷代衣冠服飾，服飾包括了衣服、盔頭、頭面、靴子、翎子、髯口、甩髮及片子等。但是中國戲曲的歷史故事，大都取材於稗史小說。其服裝一項，惟有借鏡於這類書籍的人物繪圖。外表只求美觀，因此不一定是保存了原來的眞實性。

如水袖、甩髮、髯口、翎子等都是爲了表演而設計的，再如八卦衣和雙扇綸巾，是爲諸葛亮而設計。

一副行頭，大抵「十蟒十靠」。蟒，就是文官公服。靠，就是武將鎧甲，其顏色，以紅、黃、白、黑、綠爲正五色，紫、粉、藍、絳、湖爲間五色，劇中人物應穿何色，皆有規定。當然，式樣、顏色的不同，亦代表著不同人物的造型。

除了服飾外，其他道具、音樂，都有一定的原則。

總之，戲曲本來就是一項歌、舞、樂甚至繪畫的綜合藝術。譬如唱唸哭笑，全是音樂。身段武打，全是舞蹈、服裝、臉譜、道具則又是五顏六色的藝術，而構成了一幅多采多姿的舞臺藝術，這眞是一項完美無缺的整體藝術步啊！

認識了古典戲曲的特色後，我們可以肯定它的表演藝術是「超越性」的。正是目前西方小說、詩歌、戲劇所追求模仿的。殊不知這些早在千餘年之前，我們的老祖先們就已具備了。

在今日舉世都在肯定中華文化的趨勢下，當然對於中國傳統的戲曲，更要大力去維護，去發揚！

老旦

旦馬刀

旦　武

生　老

花臉

丑角

紅生

青衣